FELIZITAS MUNTANJOHL

Der Hunger nach Leben wird täglich gestillt

SONNTAGSGEDANKEN IN EINFACHER SPRACHE

Inhalt

Teil I
Andachten zu den Festtagen im Kirchenjahr

Teil II
Andachten im Jahreskreis

Vorwort

Als im März 2020 wegen des ersten Lockdowns in der Coronakrise plötzlich alle Veranstaltungen in Alten- und Pflegeheimen abgesagt werden mussten, war es abrupt nicht mehr möglich, Gottesdienste im Ludwig-Eibach-Haus in Wiesbaden zu halten. Die Gottesdienste waren zuvor gut besucht und auch bei Senioren anderer Häuser beliebt als Trost und geistliche Anregung für oft beschwerliche Wochen.

Nun waren die Menschen auf sich gestellt. So begann ich sofort, als Ersatz eine 4-seitige Sonntagsandacht zu schreiben, die verschiedene Impulse geben sollte: auf den Wochenspruch bezogen, stets mit Bildbetrachtung und unterschiedlichen Ergänzungen durch Gedichte, Rätsel oder Geschichten, mal heiter, mal nachdenklich.

Ich bin dem Sozialdienst des Hauses dankbar, dass sie sich die Mühe machten, diese Andacht jede Woche in großer Zahl zu kopieren und an die Bewohner zu verteilen. Ich war überrascht, wie viele Menschen mir dankbare Rückmeldung gaben, sei es per Brief oder Telefon oder später auch wieder in der persönlichen Begegnung. Auch Menschen, die eher selten oder gar nicht zum Gottesdienst kamen. Ihre Aussage, dass sie schon jeden Freitag sehnsüchtig auf meine »Sonntagsgedanken« warten, war mir ein großer Ansporn, weiterzumachen, auch, als zumindest Wohnbereichsgottesdienste wieder stattfinden konnten.

So kam ich auf die Idee, dass es doch auch anderen wohltun könnte, solche Wochenimpulse zu bekommen. Nun ist es mir eine Freude, dass das Gütersloher Verlagshaus sich sofort bereiterklärte, eine Auswahl aus der Jahresreihe der Andachten als Buch herauszugeben. Ich danke den Lektoren Frau Dr. Hofmann und Herrn Beier für ihre wohlwollende und kreative Unterstützung und dem Team für die schöne Umsetzung!

Ich wünsche Ihnen, liebe Leserinnen und Leser, mindestens so viel Freude beim Lesen und Vorlesen, wie ich es beim Schreiben hatte!

Felizitas Muntanjohl

Einleitung

Dieses Andachtsbuch bietet insgesamt 40 Andachten in zwei Teilen. Der erste Teil orientiert sich am Kirchenjahr, und der zweite Teil bietet einige Andachten für die Zeit im Kirchenjahr, die nicht so stark vom Festzyklus geprägt sind. Für jeden Sonntag gibt es eine vielgestaltige Anregung zum Besinnen.

Jede Andacht hat vier Seiten. Sie beginnt normalerweise mit dem Wochenspruch. Das ist seit hundert Jahren in der Evangelischen Kirche ein Bibelspruch, der das Thema des Sonntags wiedergibt. Damit soll der vielfältige Blick der Bibel auf das Leben ausgebreitet werden.

Dazu passend finden Sie auf der ersten Seite ein Bild. Beides, Wochenspruch und Bild, werden auf der zweiten Seite in einer Kurzandacht verbunden.

Auf den folgenden Seiten finden sich Kurztexte, die andere Zugänge zum Thema nehmen, sei es durch ein Gedicht, einen Sinnspruch, auch mal ein Rätsel oder einen Witz. Am Ende steht oft ein Gebet oder eine kleine Geschichte.

So haben Sie die Möglichkeit, sich während der Woche mal ein wenig Zeit zum Besinnen zu nehmen oder kurz grad im Vorbeigehen einen kleinen Impuls von dem Strauß der Ideen zu pflücken.

Teil I

Andachten zu den Festtagen im Kirchenjahr

1. Der König kommt! Ein Super-Event?

Zum 1. Advent

SIEHE, DEIN KÖNIG KOMMT ZU DIR, EIN GERECHTER UND EIN HELFER.

Wochenspruch aus Sacharja 9,9b

Nur wer heute deutlich über 100 Jahre alt ist, kann sich vielleicht noch erinnern, wie das war, als in Deutschland der Kaiser kam und in einer Kutsche milde grüßend durch die Straßen fuhr. Die Schulkinder bekamen Brezeln und standen winkend am Straßenrand. Der Kaiser! Noch lange blieb er für viele Inbegriff der väterlichen Fürsorge, auch wenn die Realität anders war. Noch lange sehnten manche die Monarchie zurück. Da war jemand, dem man die Verantwortung überlassen konnte.

Gerade in krisenhaften Zeiten zeigt sich das Dilemma der Demokratie: Viele fordern die Freiheit der eigenen Entscheidung, aber die Verantwortung für die ganze Gesellschaft sollen andere übernehmen.

Auch in der Bibel wird die Sehnsucht nach dem guten König laut, doch auch dort gibt es viele Geschichten eigensüchtiger Könige. In unseren Weihnachtsliedern und Texten dringt ebenso das Warten auf den *guten König* durch: »Macht hoch die Tür!« Wir schmücken unsere Zimmer und Städte tatsächlich, als erwarteten wir ihn.

Erkannt haben ihn die Menschen in dem Kind in der Krippe. Aufgesehen haben sie zu ihm als Mann am Kreuz. Gott kommt als König, ja. Aber er nimmt uns nicht die Verantwortung ab. Er regiert nicht mit Waffen und Geld. Seine Gebote warten auf unsere Erfüllung. Seine Liebe sucht unser Herz. Er wirbt darum, dass wir ihm die Tür öffnen.

Warten

Bekommen Sie auch so gerne Post? War das nicht schwer und schön früher, auf einen handgeschriebenen Brief eines lieben Menschen zu warten? Aus dem Fenster zu schauen, wann der Briefträger kommt ... Die Briefkastenklappe zu heben, ob heute ein Brief drin steckt ...

Diesen originellen Briefkasten entdeckte ich im Rheingau. Mit wie viel Liebe wurde eine Festungsmauer nachgebildet und die zwei neugierigen Mäuse davor!

Warten ist schwer. Aber es ist auch herrlich sehnsüchtig und hoffnungsvoll. So dürfen wir im Advent auf Christus warten – auf die Nachricht, die uns froh macht: *Fürchte dich nicht! Euch ist heute der Heiland geboren!*

ANBETUNG DES KINDES

Als ein behutsam Licht
stiegst du von Vaters Thron.
Wachse, erlisch uns nicht,
Gotteskind, Menschensohn!

    Sanfter, wir brauchen dich.
    Dringender war es nie.
    Bitten dich inniglich,
    dich und die Magd Marie.

König wie Bürgersmann,
Bauer mit Frau und Knecht:
Schau unser Elend an!
Mach uns gerecht!

    Gib uns von deiner Güt'
    nicht bloß Gered und Schein!
    Öffne das Frostgemüt!
    Zeig' ihm des andern Pein!

Mach, dass nicht allerwärts
Mensch wider Mensch sich stellt!
Führ das verrat'ne Herz
hin nach der schönern Welt!

    Frieden, ja, ihn gewähr'
    denen, die willens sind!
    Dein ist die Macht, die Ehr,
    Menschensohn, Gotteskind!

Josef Weinheber

2. Nikolaustag

WARUM LÄSST DU UNS, HERR,
ABIRREN VON DEINEN WEGEN UND
UNSER HERZ VERSTOCKEN, DASS
WIR DICH NICHT FÜRCHTEN?

Jesaja 63,17

Nikolaustag ...! Welche Kindheitserinnerungen tauchen bei Ihnen auf? Schöne oder bedrückende oder beides? War der Nikolaus gutmütig oder hat er selbst, oder der Begleiter, eher den strengen, strafenden himmlischen Gesandten vertreten?

Ich erinnere mich an einen Besuch des Nikolaus als Kind zu Hause. Er war respekteinflößend, aber letztlich nett. Das dicke Ende kam danach: Mein großer Bruder sagte mir nachher: Hast du nicht gemerkt, das war ja gar nicht der Nikolaus, das war ja Onkel Kurt! Entsetzt lief ich zu meinen Eltern. »Ist das wahr?« Ich fühlte mich reingelegt. Nie mehr wollte ich etwas hören vom Nikolaus, dem Christkind und all den Erziehungsfiguren und habe es auch meinen Kindern nicht weitervermittelt – aber die Schuhe bekamen auch später alle am Nikolausmorgen gefüllt.

Trotzdem finde ich das Brauchtum und die Legenden wichtig für die Entwicklung. An solch anschaulichen Geschichten und Festen kann man Kindern und Erwachsenen zeigen, wer Vorbilder für unser Verhalten sein können: nicht die Stars mit dickem Konto und reichlich Statussymbolen, sondern die Christen, die Menschenliebe und Bescheidenheit verkörpern. Manche haben erst über Irrwege zu ihrem wahren Menschsein gefunden. Solche Menschen, die wegen ihrer Hilfsbereitschaft und Hingabe über Generationen im Gedächtnis bleiben, sind dann zu »Heiligen« oder Vorbildern für spätere Generationen geworden. Sie können auch uns Erwachsene immer wieder Ansporn sein, unser Leben als Christen zu überdenken und weiterzuentwickeln.

Wer ist für SIE heute ein Vorbild im Glauben und Leben?

Wer war eigentlich Nikolaus?

Es gab ihn wirklich, aber man weiß nicht viel aus seinem Leben. Er wurde etwa im Jahr 280 in Patara in der heutigen Türkei geboren. Schon mit 19 Jahren wurde er zum Priester geweiht und bald darauf zum Bischof von Myra. Wenige Jahre später begannen die Christenverfolgungen unter dem römischen Kaiser Valerius (305-311). Auch Nikolaus wurde gefangen genommen und gefoltert. Er überlebte und blieb dort Bischof, bis er an einem 6. Dezember starb. Man weiß das genaue Jahr nicht, wohl um 350. Es dauerte 200 Jahre, bis er als Heiliger verehrt und eine Festkultur entwickelt wurde. Das begann in Griechenland und breitete sich dann in Osteuropa aus. Im 8. Jahrhundert findet man diese sehr ausgeprägt in Russland. Dort wurde er sogar zum Landespatron ernannt. Von da aus breitet sich seine Verehrung dann im 10. Jahrhundert auch in Deutschland, Frankreich und England aus. Viele Legenden werden von ihm erzählt und Festbräuche entwickelt. Dabei verknüpfen sich zwei historisch unterschiedliche Personen namens Nikolaus: der Bischof von Myra und der Abt von Sion, der als Bischof von Pinara 564 starb.

Der Geschenkebringer

Dass der Nikolaus die Kinder besucht und sie beschenkt, geht vor allem auf eine spezielle Legende zurück: Der Bischof kam eines Nachts am Haus einer Familie vorbei, die so mittellos war, dass die drei Töchter ihr Geld als Prostituierte verdienen mussten. Damit die jungen Frauen dieses Tun beenden und heiraten konnten, warf Nikolaus drei Goldklumpen durch das Fenster des Hauses. Tatsächlich ist auch vom historischen Nikolaus überliefert, dass der Bischof sein gesamtes Vermögen den Armen vermachte.

Glaub' nicht alles, was du hörst;
tu nicht alles, was du magst;
sag' nicht alles, was du weißt;
brauch' nicht alles, was du hast;
kauf' nicht alles, was du siehst;
so bleibst du wohl zu jeder Frist.

Martin Luther

3. In die Zukunft schauen

Zum 2. Advent

ES WERDEN ZEICHEN GESCHEHEN
AN SONNE, MOND UND STERNEN, UND
AUF ERDEN WIRD DEN VÖLKERN BANGE
SEIN VOR DEM BRAUSEN UND WOGEN
DES MEERES ... DANN SEHT AUF UND
ERHEBT EURE HÄUPTER, WEIL SICH
EURE ERLÖSUNG NAHT.

Wochenspruch aus Lukas 21,25.28b

Unwetter über Norwegen

Erwartungen sind stark und mächtig. Sie können unser Denken fesseln und unser Lebensgefühl bestimmen. Sie setzen sich zusammen aus dem, was wir kennen und wissen, aber auch aus dem, was wir hoffen oder fürchten.

Es gibt solche Pessimisten, die alle Informationen sammeln, die das gegenwärtige Unglück sehen und das zukünftige Elend voraussagen. Ebenso gibt es die Optimisten, die sich am Schönen freuen und überzeugt sind, dass alles schon gut ausgehen wird.

Bestätigt fühlen sich irgendwann beide. Denn die Wirklichkeit hält auch weiterhin für beides seine Beispiele bereit. Beide haben recht, die Pessimisten und die Optimisten – und beide haben unrecht, weil sie nur eine Seite der Realität sehen (wollen).

Die biblische Geschichte erzählt die Erfahrung der Gläubigen über Jahrhunderte: vom Geschenk des Lebens und von der Zerstörung, von klugen Herrschern und vertrauensvollen Menschen und vom Gegenteil; von der Schönheit der Natur und ihrer Zerstörungskraft. Sogar am Leben Jesu ist beides zu sehen: die unglaubliche Liebe Gottes und die Glaubenstreue, die sogar einen grausamen Tod durchleiden muss.

Was sollten wir für möglich halten und was dürfen wir hoffen? Die Naturgewalten erzählen von der Erhabenheit der Schöpfung, aber sie sind uns auch Zeichen der Größe Gottes. Er verheißt uns seine Erlösung.

Warten und Hoffen

Warten und Hoffen – das sind die stillen und doch leiden-schaftlichen Haltungen des Advent.

Wir kennen es in anderer Weise aus dem Alltag: Wann werde ich nach einer Erkrankung wieder richtig gesund sein? Wann werde ich nach Einschränkungen wie in der Coronazeit wieder leben und feiern können wie früher?

Warten und Hoffen sind die stillen Tugenden des Lebens in der Zeit. Manche lernen es gefasst, manche werden wü-tend und unverantwortlich in ihrer Ungeduld. Manche nut-zen das Ungewollte, Aufgezwungene, um neue Erfahrungen zu machen.

Kommt es vielleicht auf das Ziel an, das wir vor dem inneren Auge haben? Auf der Winterreise an der norwegi-schen Küste warten alle Reisenden Tag für Tag und Nacht für Nacht auf das Aufscheinen des Nordlichts. Vielleicht wird alles Warten umsonst sein; vielleicht kommt es nur ganz kurz am Ende der Reisezeit. Wenn es aber kommt, dann ist es so atemberaubend schön, so überirdisch geheimnisvoll, dass es alles Warten wettmacht.

So, denke ich, ist es auch mit der christlichen Erwartung: Das Leben im Alltag ist geprägt von dem Schönen und dem Mühsamen, das zum menschlichen Leben in der Welt da-zugehört. Unsere Hoffnung aber geht darüber hinaus: Wir warten auf das Aufscheinen der Wirklichkeit Gottes. Noch, wissen wir, werden es nur Momente sein. Dann aber, am Ende der Zeit, werden wir Gott erfahren als ›Alles in Allem‹ und werden ganz in Ihm aufgehoben sein.

Wir sind verdorben vom leichten Genuss wie alle
Dilettanten und stehen im Geruch der Meisterschaft.
Wie aber, wenn wir unsere Erfolge verachteten, wie,
wenn wir ganz von vorne begännen, die Arbeit der
Liebe zu lernen, die immer für uns getan worden ist?
Wie, wenn wir hingingen und Anfänger würden, nun,
da sich vieles verändert.

Rainer Maria Rilke

4. Vorbereitung für einen wichtigen Besucher

Zum 3. Advent

BEREITET DEM HERRN DEN WEG!

Wochenspruch aus Jesaja 40,3

Johannes der Täufer

Wenn Gäste erwartet werden, gibt es eine Menge zu tun. Vor allem für die Hausfrau. An Weihnachten ist das besonders der Fall. Denn dann soll die Wohnung ja nicht nur sauber, sondern auch schön geschmückt sein. Meine Mutter hatte am 24. Dezember Geburtstag. Als sie Kind war, war das gar nicht schön. Denn ihre Mutter war so mit Putzen, Treppenhaus bohnern, Schmücken und Essensvorbereitung beschäftigt, dass keine Zeit für die Tochter war. Die musste vielmehr mithelfen und dabei war immer eine gereizte Atmosphäre. Vor Weihnachten war Hausputz angesagt. Alles sollte gut aussehen für die Gäste. Doch innen sammelte sich der Schmerz.

Johannes der Täufer rief auch zum Aufräumen auf, bevor der Messias kommt. Zum inneren Hausputz sozusagen. Nicht, um nach außen toll zu erscheinen, sondern damit, wenn Gott kommt, er die Menschen bereit vorfindet. Das kann sogar Umkehr bedeuten: Bin ich noch offen für Gott? Würde ich ihn überhaupt erkennen, wenn er kommt? Kann ich Stille und Frieden in mir finden? Kann ich andere wahrnehmen? Wovon werde ich berührt?

Machen Sie sich Sorgen vor einem Weihnachtsfest ohne Besuch? Vielleicht ist es ja auch eine Chance zur inneren Einkehr: Die Heilige Familie und Sie! Was würde Maria Ihnen sagen? Und was würde das Jesuskind oder der Esel sagen? Laden Sie die zu sich ein, in Ihr Herz!

Ach mache du mich Armen
zu dieser heilgen Zeit
aus Güte und Erbarmen,
Herr Jesus, selbst bereit.
Zieh in mein Herz hinein
vom Stall und von der Krippen,
so werden Herz und Lippen
dir allzeit dankbar sein.

Valentin Thilo

Die Kerze brennt, ein kleines Licht,
wir staunen und hören: »Fürchte dich nicht«,
erzählen und singen, wie alles begann;
in Gottes Namen fangen wir an.

Bernd Schlaudt

Die Taufe von Jesus

Wer war Johannes der Täufer?

Nun, bestimmt keine besonders sympathische Gestalt. Für einen reibungslosen und netten Religionsbetrieb sicher nicht die passende Person.

Das sieht man schon bei der Darstellung auf manchen Ikonen: so hager, dass man die Rippen sehen konnte, ein zerrissener Umhang aus Fell, verwahrloste Haare und ein eingefallenes Gesicht.

Er hat es sich und anderen nicht leicht gemacht. Er lebte lange in der Wüste und ernährte sich von Heuschrecken. Bis ihm klar wurde, was sein Auftrag war: Er sollte die Menschen zur Umkehr rufen. Sie sollten vorbereitet sein, wenn der Messias kommt.

Er ging an das Ufer des Jordan und rief hinaus, dass die Leute sich ändern sollten, aufhören mit der Geldgier und der Gewalt, dem Egoismus und der Gottlosigkeit.

Er war nicht zimperlich in der Wortwahl und drohte mit Gottes Gericht. Die Menschen sollten umkehren und sich taufen lassen, reinwaschen sozusagen, und dann anders leben. Für manche war das ein Spektakel; sie kamen nur zum Anschauen. Andere erkannten, wie recht er hatte und dass es so nicht weitergehen kann. Sie fragten, was sie tun sollen, und ließen sich taufen.

Eines Tages kam der erwachsene Jesus und wollte auch getauft werden. Johannes weigerte sich zuerst, weil Jesus es doch gar nicht nötig hatte. Aber dann tat er es doch. Jesus wollte nicht von oben kommen, sondern unten anfangen, bei den erschrockensten Menschen.

Johannes hat ein trauriges Ende gefunden. Er hatte König Herodes für seinen Ehebruch kritisiert. Da hat die Frau mit einer List dafür gesorgt, dass er getötet wurde.

5. Freu dich!

Zum 4. Advent

FREUT EUCH
IN DEM HERRN ALLEWEGE,
UND ABERMALS SAGE ICH:
FREUT EUCH!
DER HERR IST NAHE!

Wochenspruch aus Philipper 4,4–5

Freut euch! Freut euch immer und überall! Gott ist nahe!

Das ist die Weihnachtsbotschaft auf den Punkt gebracht. Der Grund und der Anfang unseres Glaubens ist die Freude. Die Folge und das Ziel sind es ebenso: die Freude.

Reiben Sie sich jetzt die Augen und sagen: »Ach! Ich dachte, der Glaube ist total ernst (Ich denke da an unsere Pfarrerin mit ihrem schwarzen Talar; und wie man als Kind in der Kirche immer still und gesittet sein musste)«?

Nun ja, Freude ist nicht immer lustig. Sie kann auch feierlich und sehr innerlich sein. Kennen Sie das auch, dass Ihnen bei ganz tiefer Freude die Tränen kommen?

Denken Sie jetzt: »Na gut; aber: ›Freut euch!‹ kann man doch nicht befehlen. Das kann man doch nicht auf Knopfdruck anschalten! Mir ist grad gar nicht danach zumute«?

Das stimmt. Aber Sie haben in sich drin sozusagen mindestens zwei »Erinnerungs-Töpfe«. In dem einen stecken Verletzungen, Enttäuschungen, Selbstverkleinerungen; in dem anderen stecken schöne Momente, tröstliche Sätze, Glaubenserfahrungen. Die können Sie anschauen, aufwecken. Dann halten Sie – innerlich – eine Kerze daneben und schauen, was alles lebendig wird – und wie das Licht auch Ihren heutigen Tag bescheint. Aus dem frühen und dem späten Blick auf Alltag und Glaube kann neue Freude entstehen.

WEIHNACHTSLIED

Mir ist das Herz so froh erschrocken,
das ist die liebe Weihnachtszeit!
Ich höre fernher Kirchenglocken
mich lieblich heimatlich verlocken
in märchenstille Herrlichkeit.

Ein frommer Zauber hält mich wieder,
anbetend, staunend muss ich stehn;
es sinkt auf meine Augenlider
ein goldner Kindertraum hernieder,
ich fühl's, ein Wunder ist geschehn.

Theodor Storm

TÄGLICH ZU SINGEN

Ich danke Gott und freue mich
Wie's Kind zur Weihnachtsgabe,
Dass ich bin, bin! und dass ich dich
schön menschlich Antlitz habe.

Dass ich die Sonne, Berg und Meer,
Und Laub und Gras kann sehen,
Und abends unterm Sternenheer und
Und lieben Monde gehen.

Und dass mir denn zumute ist,
Als wenn wir Kinder kamen,
Und sahen, was der heil'ge Christ
Bescheret hatte, Amen!

Ich danke Gott mit Saitenspiel,
Dass ich kein König worden;
Ich wär geschmeichelt worden viel,
Und wär vielleicht verdorben.

Auch bet' ich ihn von Herzen an,
Dass ich auf dieser Erde
Nicht bin ein großer, reicher Mann,
Und auch wohl keiner werde.

Denn [...] all das Geld und all das Gut
Gewährt zwar viele Sachen;
Gesundheit, Schlaf und guten Mut
Kann's aber doch nicht machen.

[...] Gott gebe mir nur jeden Tag,
So viel ich darf zum Leben.
Er gibt's dem Sperling auf dem Dach;
Wie sollt er's mir nicht geben!

Matthias Claudius

6. Fürchte dich nicht!

Zum Heiligen Abend am 24. Dezember

FÜRCHTET EUCH NICHT! DENN EUCH IST HEUTE DER HEILAND GEBOREN!

Tagesspruch aus der Weihnachtsgeschichte Lukas 2,10-11

Die Heilige Familie

»Fürchte dich nicht!« – Dieser Mutmachsatz kommt immer wieder in der Bibel vor. Ich habe ihn 13-mal im Alten und 13-mal im Neuen Testament gefunden. Maria bekommt ihn gesagt, als der Engel ihr das Kind ankündigt, und die Hirten, als es geboren ist. Das Erscheinen der Engel löst immer Furcht aus, aber sie verwandeln die Furcht in Freude.

»Fürchte dich nicht!« steht über der Erfahrung von Ungewöhnlichem, Unverstehbarem. Wenn wir die Welt nicht mehr verstehen, dann ist doch Gott immer noch größer und kann das Erschrecken in Glück verwandeln. »Gott ist da!«, sagen die Engel. »Er hat etwas vor mit euch. Er will euch etwas Außerordentliches zeigen! Hört auf ihn, geht mit ihm!« Was wäre gewesen, wenn Maria gesagt hätte: »Ich bin doch nicht deine Magd!«, oder die Hirten: »Lass uns schlafen!«?

»Fürchtet euch nicht! Euch ist heute der Heiland geboren!« Das sagt Gott auch Ihnen heute. Lassen Sie sich diese Nachricht auf der Zunge zergehen wie ein Festessen! Halten Sie sie Ihren Ängsten entgegen wie ein Schild! Hüllen Sie sich darin ein wie in einen edlen Duft!

Sie fühlen sich allein in dieser Nacht? Maria war es auch! Das Leben ist so anders im Alltag? Bei den Hirten auch. Gott schafft es trotzdem, ins Leben zu treten und Freude einkehren zu lassen!

Aus tausend Traurigkeiten
gehn wir zur Krippe still,
das Kind der Ewigkeiten
uns alle trösten will.

Friedrich von Bodelschwingh

Sei heiter!
Es ist gescheiter
als alles Gegrübel:
Gott hilft weiter –
zur Himmelsleiter
werden die Übel.

Theodor Fontane

Aus Marias Tagebuch (1)

So hatte ich mir das nicht gedacht. Der Anfang der Schwangerschaft war schon kompliziert genug gewesen. Der Mann wollte genau wissen, ob das Kind von ihm ist. Die Nachbarn lästerten, dass bei der Hochzeit schon ein Bäuchlein zu sehen war. Nun hatten sich die Wogen geglättet, da kommt diese amtliche Aufforderung, sich zu einer Volkszählung zu begeben. Was für eine anstrengende Reise! Und dann an jeder Tür die Abweisung: Wer will schon eine hochschwangere Frau? Ich wollte im Kreis der Familie mein erstes Kind bekommen. Und jetzt gehen die Wehen in einem Stall los! Und da ist keine Frau, die weiß, was ich machen soll.

»Ach Gott, was hast Du mir da eingebrockt! Warum habe ich Ja gesagt, als Du mir diese unmögliche Ankündigung überbrachtest?«

Doch der Mann ist sehr fürsorglich und liebevoll. Und der Esel rückt mir nah, um mich zu wärmen. Der Ochse lässt anstandslos Heu und Stroh in die Krippe legen für das Kind. Ich fühle mich trotz allem geborgen. Es ist anders als gewohnt, aber vielleicht musste das so sein.

Zu Hause wäre viel mehr Remmidemmi. Schön, aber auch anstrengend. Hier habe ich Zeit für das Kind: einfach anschauen und staunen; das Wunder ins Herz einsickern lassen.

7. Stell dir vor, was ich erlebt habe ...!

Zum Weihnachtsfest am 25./26. Dezember

UND DIE HIRTEN KEHRTEN WIEDER UM, PRIESEN UND LOBTEN GOTT FÜR ALLES, WAS SIE GEHÖRT UND GESEHEN HATTEN.

Ende der Weihnachtsgeschichte aus Lukas 2,20

Die Anbetung der Hirten

»Stell' dir vor, was ich heute erlebt habe!« Wenn wir oder unser Gegenüber so anfängt, dann wird's spannend. Jedenfalls ist sofort Aufmerksamkeit da. Dann kommt ein Erlebnis, das wir so nicht erwartet haben: ein besonders netter oder besonders dreister Mensch. Oder eine überwältigende Naturerscheinung. Oder großes Glück trotz Gefahr.

Vielleicht beneidet der Hörer den Erzähler nachher, das nicht miterlebt zu haben. Oder er glaubt es nicht oder findet es eher langweilig.

Wie werden wohl die Menschen auf die Erzählung der Hirten reagiert haben? Ich vermute, eher kopfschüttelnd.

Wenn uns Gott begegnet oder wir einen kleinen Blick in seine Wirklichkeit werfen können, dann ist das so besonders, dass es uns geradezu intim vorkommt. Und es ist so wertvoll, dass wir eher wenig davon reden, weil wir den Spott der anderen fürchten.

Manchmal erzählen mir Menschen von ihren Gotteserfahrungen. Das finde ich wunderbar. Wenigen sage ich, was mir selbst zu besonderen Gelegenheiten die Stimme sagte. Doch diese Momente sind die großen Momente des Lebens, sie tragen für immer. Für die Ohren der Spötter sind sie nichts, für die Suchenden sind sie wichtig. Wenn Sie solche Erfahrungen kennen, hüten Sie sie gut! Lassen Sie Ihren inneren Spötter nicht quatschen! Beschützen Sie das Kind, das noch staunen und glauben darf! An Weihnachten wacht es manchmal auf. Geben Sie ihm Raum in sich!

Gedicht mit Lücken *Wer kann die Worte ergänzen?*
(Auflösung am Buchende)

KNECHT RUPRECHT

Von drauß' vom Walde komm ich her;
Ich muss euch sagen, _ _ _ _ _!
Allüberall auf den _ _ _ _
sah ich goldene _ _ sitzen;
und droben aus dem _ _tor
sah mit großen Augen das _ _ hervor;
und wie ich so strolcht durch den _ _ Tann,
da rief's mich mit _ _ _ _ an:
»_ _ _«, rief es, »alter _ _,
hebe die Beine und _ _ _ _!
Die Kerzen fangen _ _ _ _,
das Himmelstor _ _ _ _,
Alt' und Junge sollen nun
von der Jagd des Lebens _ _ _;
und morgen _ _ hinab zur Erden,
denn es soll _ _ _ _ _ _ _!«

Theodor Storm

Aus Marias Tagebuch (2)

Heute kam Besuch; unerwarteter Besuch, mitten in der Nacht. Irgendwie muss es sich herumgesprochen haben, dass hier im Stall unser Kind zur Welt kam.

Wir hörten schon von weitem Schafe blöken, sie hüpften und jauchzten geradezu. Dann schauten vorsichtig zwei ältere Hirten und ein Junge zur Stalltür herein. Scheu, aber auch neugierig und ungeduldig. Wir luden sie ein, hereinzukommen. Ganz vorsichtig traten sie zur Krippe, um das Kind nicht zu wecken. Die Schafe wurden ganz ruhig und legten sich hin, dass es wie ein Wollteppich aussah.

Die Hirten schauten ganz hingerissen. Und dann erzählten sie, dass sie ein Leuchten am Himmel sahen und eine Stimme hörten, dass ihnen der Heiland geboren sei und sie ihn hier fänden als Kind in einer Krippe. »Und Musik, wunderschöne Musik«, erzählte der Alte. »Engel waren das, richtige Engel!«, rief der Junge. Dann wurde es wieder still und dunkel. Da sind sie sofort losgelaufen. »Gott hat uns nicht vergessen!«, sagte der Hirte ganz ergriffen. Sie schenkten noch ein Fell und frische Milch und Käse.

Seitdem geht es mir nicht mehr aus dem Kopf, was sie sagten. Ob Gott uns hierher schickte, um diese armen Menschen glücklich zu machen? Ich jedenfalls bin wohl die verwundertste und glücklichste Frau der Welt.

8. Ich habe nicht umsonst gehofft

Sonntag nach dem Christfest – Tag der Darstellung im Tempel

UND SIMEON SEGNETE SIE UND SPRACH
ZU MARIA: SIEHE, DIESER IST BESTIMMT
ZU EINEM ZEICHEN, DEM WIDERSPROCHEN
WIRD, UND AUCH DURCH DEINE SEELE
WIRD EIN SCHWERT DRINGEN.

Die Geschichte von Simeon und Hanna im Tempel
aus Lukas 2,25-40

Was für eine befremdliche Mischung von Segen und Warnung! Sollte nicht Segen Gutes über einen Menschen bringen? Gesundheit, Kinder, Wohlstand ... ist das nicht Segen?

Ist Simeon nicht glücklich, das Kind gesehen zu haben, und kann nun beruhigt sterben? Hat sich für Hanna nicht das jahrelange Beten und Hoffen erfüllt?

Doch nach dem Segen sagt Simeon: ›Dein Kind wird die Gesellschaft spalten und auch durch dein Herz wird ein Schwert dringen!‹ Da wäre ich an Marias Stelle zurückgeschreckt und hätte ihm das Kind wieder abgenommen. Was sollen solche schrecklichen Ankündigungen? Ist das nicht das Gegenteil von Segen, eher Fluch?

Doch was wissen wir schon von den Wegen in Gottes Zukunft! So manches Glück, um das wir jemanden beneideten, hat im Verlauf des Lebens in den Abgrund geführt (denken wir an so manche Prominente!). Und manches schwere Los hat den Betroffenen stark und charaktervoll gemacht (z.B. Margarethe Steiff). Gottes Wege führen selten durch pures Glück zum Ziel. Wir werden stolz, bequem und egoistisch durch zu viel Glück. Achtung Gottes und Menschenliebe reifen viel eher in Menschen, die Schweres durchlitten haben und darum in die Tiefe bohren: den Grund in Gott. Simeon hat in dem Kind schon den Mann gesehen, der das Schwerste auf sich nimmt, und in Maria die Mutter, die nach Ärger und Unverständnis die treue Jüngerin wird.

flucht nach ägypten

nicht
ägypten
ist
fluchtpunkt
der flucht

das kind
wird gerettet
für härtere tage

fluchtpunkt
der flucht
ist
das kreuz

Kurt Marti

Die Flucht nach Ägypten

Aus Marias Tagebuch (3)

Das war eine merkwürdige Begegnung!

Eigentlich wollten wir nur, wie es sich gehört, das Kind zur Beschneidung in den Tempel bringen, damit es zur Gemeinde gehört.

Da kamen ein alter Mann und eine alte Frau auf uns zu. Wir kannten sie vom Sehen. Sie waren fast immer im Tempel und beteten. Man sagt, sie seien Prophet und Prophetin. Sie warten auf den Messias. Das tun wir alle. Aber diese beiden sind überzeugt, sie werden sein Kommen noch erleben.

Als sie uns sahen, bekamen sie leuchtende Augen und kamen auf uns zu. Sie baten, das Kind in den Arm nehmen zu dürfen, und Simeon sagte:»Herr, nun lässt du deinen Diener in Frieden sterben; denn meine Augen haben deinen Heiland gesehen!«

Das hat mich sehr berührt. Doch dann fügte er hinzu, dass dieses Kind die Gesellschaft spalten und sogar durch mein Herz ein Schwert gehen werde.

Ich bekam Gänsehaut. Wie damals, bei der Ankündigung der Geburt. Es ist so rätselhaft. Einerseits so ungeheuer groß und zugleich so herzergreifend nah.

Was für ein Schicksal ist wohl meinem Kind und mir bestimmt? Welchen Plan verfolgt Gott mit uns?

9. Jahreswechsel

MEINE ZEIT STEHT IN
DEINEN HÄNDEN.

Psalm 31,16a

Schon wieder ist ein Jahr vergangen! Ein Jahr mit seinen besonderen Sorgen und Ängsten, aber auch mit seinen besonderen Freuden und Hoffnungen, Alltäglichem und Überraschendem.

Kam es Ihnen kurz vor oder endlos? Ein Jahr, das Sie als wertvoll in Erinnerung bewahren möchten oder das Sie lieber vergessen würden?

Die Zeit verrinnt. Ein neues Jahr beginnt. Wie geht es Ihnen am Jahreswechsel? Mögen Sie das Feiern und das Feuerwerk? Oder liegen Sie lieber im Bett und schlafen hinein in das neue Jahr?

Ich mag kunstvolles Feuerwerk, aber noch mehr die Glocken um Mitternacht. An dieser Zeitgrenze mischen sich Bange und Hoffnung: Werden alle meine Lieben gesund bleiben? Werden unsere Planungen gelingen? Was wird am Ende des Jahres im Kalender stehen, was ich mir jetzt nicht vorstellen kann?

Die Glocken sprechen ihre eigene Sprache. Sie rufen mir zu: ›Was auch geschieht, es ist Gottes Zukunft! Deine Planungen können zunichtewerden, Gottes Plan findet seinen Weg. Deine Sorgen rauben dir manchmal den Schlaf? Gottes Sorge für dich fängt dich auf! Die Zukunft scheint dir beängstigend und gefährlich? Nach dem Verhalten vieler Menschen begründet! Also traue dich, auf Jesu Spuren zu gehen! Fürchte dich nicht! Deine Zeit steht in Gottes Händen!‹

Darum seien auch Sie getrost!

PREDIGER SALOMO, 3. KAPITEL

Ein Jegliches hat seine Zeit,
und alles Vorhaben unter dem Himmel
hat seine Stunde:

Geboren werden hat seine Zeit,
sterben hat seine Zeit; [...]
abbrechen hat seine Zeit, bauen hat seine Zeit;
weinen hat seine Zeit, lachen hat seine Zeit;
klagen hat seine Zeit, tanzen hat seine Zeit; [...]
suchen hat seine Zeit, verlieren hat seine Zeit;
behalten hat seine Zeit, wegwerfen hat seine Zeit; [...]
schweigen hat seine Zeit, reden hat seine Zeit;
lieben hat seine Zeit, hassen hat seine Zeit;
Streit hat seine Zeit, Friede hat seine Zeit.

Man mühe sich ab, wie man will,
so hat man keinen Gewinn davon.

Ich sah die Arbeit, die Gott den Menschen
gegeben hat, dass sie sich damit plagen.

Er hat alles schön gemacht zu seiner Zeit,
auch hat er die Ewigkeit in ihr Herz gelegt;
nur dass der Mensch nicht ergründen kann
das Werk, das Gott tut, weder Anfang noch Ende.

Da merkte ich, dass es nichts Besseres dabei gibt als
fröhlich sein und sich gütlich tun in seinem Leben.

Denn ein Mensch, der da isst und trinkt und hat guten
Mut bei all seinem Mühen, das ist eine Gabe Gottes.

Aus Marias Tagebuch (4)

Eines Morgens war Josef unruhig. Er hatte schlecht geschlafen. »Lass uns aufbrechen!«, hat er gedrängt. Ich wollte nicht. Ich hatte schon hochschwanger den weiten Weg gemacht. Jetzt wollte ich ausruhen.

»Wir müssen schnell weg, nach Ägypten«, drängte Joseph. »Im Traum hat mir ein Engel gesagt, dass König Herodes alle Kinder töten will, weil er einen Konkurrenten fürchtet. Er hat es auf unser Baby abgesehen!«

Unser Kind, das verheißene! Da konnte ich nicht mehr widersprechen; das mussten wir retten! Ach, warum muss das neue Leben gleich bedroht sein? Warum sind Menschen so grausam? Nun sind wir nicht nur ohne Obdach, sondern auch noch Flüchtlinge! Verachtet und abgelehnt, wo wir nur hinkommen. In das Land, wo unsere Vorfahren als Sklaven gehalten wurden! Was wird das für eine Zukunft?!

Josef hat mir Mut gemacht: »Eines Tages wird der Engel uns wieder heimgehen lassen.« Ich vertraue ihm und Gott. Was Gott versprochen hat, wird er tun. Unsere Zeit steht in Gottes Händen!

Meine Zeit steht in Gottes Händen! (Psalm 31,6)

45

10. Wann wird es endlich hell?

Epiphaniasfest
am 6. Januar

DIE FINSTERNIS VERGEHT UND DAS WAHRE LICHT SCHEINT SCHON.

1. Johannes 2,8b

Die drei Weisen aus dem Morgenland

Diese dunkle Jahreszeit kann einem schon aufs Gemüt schlagen. Morgens, beim Aufwachen, sieht es aus, als wäre noch Nacht; mittags kann man wenigstens das Licht ausmachen, und am Nachmittag wird schon die Zeit für einen Spaziergang oder einen Blick nach draußen knapp, weil es so früh dunkel wird. Wir brauchen doch Licht, damit wir munter werden, damit wir Energie und Lebensfreude entwickeln!

Noch schlimmer ist es für die, in deren Seele es dunkel ist: »Keiner liebt mich! Ich bin ja zu nichts nütze! Worauf soll ich noch hoffen?«

Wir brauchen doch Menschen, für die wir wichtig sind! Wir brauchen eine Aufgabe, die uns erfüllt! Wir brauchen ein Ziel, auf das wir uns freuen können!

Es war ein Stern (ein Doppelstern, wie kürzlich über uns!), der die Weisen aus dem Morgenland aufbrechen ließ. Sie nahmen einen weiten Weg auf sich, um einen König zu finden, der in ihrem Land weniger gilt als ein Sultan: Ein Kind im Stall, von dem die Palastbewohner nichts wissen. Und der doch die Welt verändern wird mit seinem Wort.

Das Licht, das Jesus entzündet hat, leuchtet mehr als eine Krone. Narren sind dagegen die Herrscher, die kommen und gehen; Schwätzer die Horoskopeschreiber und Unterhaltungskünstler.

Jesus mit seinem Wort zündet ein Licht an, das bis ins Herz scheint; es macht Menschen wertvoll, die vor sich und anderen nicht viel gelten; es erzählt von einer Hoffnung, die weiter reicht als alle Lebensplanung und Glückserfüllung.

Das Licht, das den Winter vertreibt, bringt der Frühling: langsam, aber sicher von Woche zu Woche mehr. Das Licht, das Jesus uns bringt, scheint bis in unser

Herz. Es will auch das Gemüt erhellen. Und nicht nur das: Es zündet auch eine Hoffnung an, die durch den Tod hindurchträgt.

Wir müssen dafür nicht so weit laufen wie die Weisen. Aber so neugierig und offen sein wie sie, das müssen wir schon. Das reicht aber auch schon. Das Licht Jesu kommt zu uns, ja, es ist schon da! Sehen Sie es?

Du Morgenstern, du Licht vom Licht,
das durch die Finsternisse bricht,
du gingst vor aller Zeiten Lauf
in unerschaff'ner Klarheit auf.

Du Lebensquell, wir danken dir,
auf dich, Lebend'ger hoffen wir;
denn du durchdrangst des Todes Nacht,
hast Sieg und Leben uns gebracht.

Bleib bei uns, Herr, verlass uns nicht,
führ uns durch Finsternis zum Licht,
bleib auch am Abend dieser Welt
als Hilf und Hort uns zugesellt.

Johann Gottfried Herder

Aus Marias Tagebuch (5)

Lange habe ich überlegt, wieso Herodes eigentlich von der Geburt unseres Kindes wusste und warum er solche Angst davor hat.

Vermutlich hängt das mit dem Besuch der weitgereisten Männer zusammen. Da kamen doch tatsächlich drei fein gekleidete Herren auf Kamelen an und sagten, sie hätten das Kind gesucht.

Sternenforscher waren sie, aber sie sahen aus wie Könige. Da wollte ich mich schon verstecken. Ich sah doch ärmlich aus gegen so einen hohen Besuch. Doch sie waren überaus freundlich und bescheiden und sagten, sie seien glücklich, den neuen König gefunden zu haben, wie die Sterne es angezeigt hätten.

Ich weiß nicht, was ich glauben soll. Aber ihre Worte gehen mir nicht mehr aus dem Kopf. Und wenn ich mein Kind ansehe, dann scheint es mir zu leuchten. Es strahlt Frieden und Güte aus. Ist es nicht merkwürdig, welche Wirkung es hat? Auf arme und reiche Menschen, kluge und einfache Menschen. Und jeder geht verwandelt und beglückt wieder ins Leben zurück.

Ich danke Gott für dieses wundervolle Kind.

11. Was treibt mich an?

Zum 1. Sonntag nach dem Epiphaniasfest

DIE DER GEIST GOTTES TREIBT, DIE SIND GOTTES KINDER.

Römer 8,14

Vogelzeig Breslau

Wo soll es langgehen in diesem Jahr? Das neue Jahr hat begonnen, eventuelle Vorhaben bröckeln schon langsam, weil sie sich gegen den gewohnten Alltag nicht durchsetzen können. Ist das kommende Jahr nur eine Verlängerung des alten? Oder fürchte ich das neue, weil ich schon ahne, dass es schwierige Anforderungen bringt: Prüfungen oder Arbeitswechsel, Fürsorge-Anforderungen oder eigene gesundheitliche Probleme?

Wenn mich zu viele Sorgen in Beschlag nehmen, werde ich mutlos und lahm. Wenn ich keine Anforderungen annehme, werde ich träge und langweilig.

Was gibt mir Kraft? Was treibt mich an? In der Breslauer Altstadt stehen viele kleine Bronzefiguren. Protestierende Menschen, gemütliche Zwerge, eigenwillige Tiere. Sie entstanden in politisch schwieriger Zeit und demonstrierten auf kreative Weise gegen Unterdrückung und Unfreiheit. Inzwischen vermehren sie sich, weil die Touristen so angeregt nach ihnen suchen.

Offenbar heftig schreit dieser kleine Vogel und weist den Betrachter nach links weiter. Wohin treibt es uns? Wovon lassen wir uns treiben? Wessen Geist bestimmt unser Leben? Jesus grenzt klar ab: Geburt und Taufe machen uns noch nicht zu Gottes Kindern. Erst wenn wir uns von Jesu Geist antreiben lassen und ihm folgen, sind wir, was wir sein können: Gottes Kinder.

UND DOCH ... DU!

Ich weiß nicht, wer Du bist, Gott!
Unbegreiflich
schwebst Du als Alles oder Niemand
über uns.
Und doch bist alles, was ich suche, DU!

    Ich weiß, wie alle Worte trügen,
    die Dich beschreiben wollen,
    die von Dir erzählen.
    Nur Stammellaute sind's.
    Und doch bist alles, was ich sagen möchte, DU!

Ich spür nur manchmal, wenn ich singe,
dass mein Herz Dir nah ist,
obwohl kein Ton Dich fassen kann,
Du schönste Melodie!
Und doch bist alles, was ich singen möchte, DU!

Breslauer Bronzefigur

Aus Marias Tagebuch (6)

Schon wieder so lange Wege! Es war mir schon auf dem Hinweg schwergefallen. Und jetzt geht es nicht einmal in die Heimat, sondern fluchtartig in ein fernes Land. Was wird dort sein? Wer wird uns aufnehmen? Wie lange werden wir ausharren müssen, bis wir endlich wieder zu unseren Familien können?

Warum fürchtet der König uns? Was kann ihm so ein kleines Kind tun? Was haben wir ihm getan? Nichts! Wie besessen und starrköpfig können die Machthaber sein! Haben sie ihre Seele schon an den Teufel verkauft vor lauter Angst um den Verlust ihrer Macht? Wir hörten, dass er mit Soldaten unser Kind suchen lässt und auch vor Massenmorden nicht zurückschreckt. Wie furchtbar!

Wie kann Gott zulassen, dass solche Menschen sich zu Herren aufschwingen – oder solche Herren ihr eigenes Menschsein verraten! Wann wird die Welt erlöst von Machtgier und Gewalttat? Wann wird Gott unsere Gebete erhören und unsere Sehnsucht stillen?

12. Ich bin nicht allein!

Zum 1. Sonntag der Passionszeit

»ER RUFT MICH AN, DARUM
WILL ICH IHN ERHÖREN.«

Psalm 91,15

Gott ist nicht irgendetwas Höheres, das man kennen und beweisen könnte. »Gibt es Gott?«, das ist keine Frage, auf die es eine einfache Antwort gibt. Es gibt ihn nicht so, wie es Häuser gibt und Menschen und den Weltraum. Es gibt ihn auch nicht, wie es Strahlung gibt oder Wärme oder Ideen.

Gott ist Gott in Beziehung. Als Mose am Dornbusch Gottes Auftrag hört, fragt er: »Wie ist denn dein Name, damit ich dich nennen kann?« Und Gott antwortet: »Ich bin, der ich bin. Ich werde sein, als der ich mich zeigen werde.« Das ist kein Name. Das ist das Versprechen, dass Gott sich immer wieder zeigt in der Geschichte der Menschen. Er ist nie zu fassen und doch immer wieder erfahrbar.

»Rufe mich an in der Not, und ich werde dich er-hören«, verspricht er (Psalm 50,15). Aber so einfach wie beim Telefon ist es nicht: Bei 112 gibt es sofort Antwort. Bei Gott hat man manchmal den Eindruck, die Verbindung ist defekt oder die Antwort ist zu leise. Vielleicht kommt man auch mit dem Hören nicht klar, weil man so lange nicht angerufen hat.

Und nach dem Gebet: Hilft er dann etwa sofort? Wir können alle Geschichten erzählen, wo er das nicht tat. Ist es also ein leeres Versprechen? Gerade in akuter Not, in schwerer Krankheit sieht es scheinbar danach aus.

Oft erkennen wir erst später, dass er half; aber ganz anders, als wir es erwarteten. Aber das Vertrauen auf sein Versprechen hat uns getragen.

Ich kann nicht beten

Manchmal möchte ich beten, aber ich kann es nicht.

Zuviel Gedanken jagen durch meinen Kopf und lenken mich ab. Oder der Zweifel in mir sagt: Glaubst du denn überhaupt, dass es Gott gibt? Oder der Pessimist in mir sagt: Der hört ja sowieso nicht und macht, was er will.

Verzagt mache ich noch einen Versuch, aber scheitere schon bei der Anrede: Vater? Lieber Gott? Ist er das denn für mich? Da gebe ich auf.

Ich schaue auf die Hände der alten Frau. Wie ruhig sie liegen! Sie wirken zeitlos, selbstverständlich. Die Hände sind es gewohnt zu beten. Sie sind geduldig, zu warten. Sie liegen im Schoß und geben dem Leben und Gott Raum, zu wirken, zu fließen, Einsichten zu bilden.

Ich gönne mir Zeit, das Beten zu üben: Ich suche mir einen ruhigen Platz und zünde eine Kerze an. Ich schaue in das leicht flackernde Licht. Ich lasse die Gedanken ziehen, ohne sie festzuhalten. Ich flechte sie ein in den vertrauensvollen Satz: DU in mir und ich in DIR. Immer wenn die Unruhe aufsteigt, bändigt sie dieser Satz. Ich überlasse mich Gott. Schweigend und geduldig. Gott in allem und in mir und ich in ihm. Es ist gut so.

Ich bin nicht allein

Haben Sie mal im Fernsehen den Film über den Ladoga-see gesehen, den größten See Europas östlich von St. Petersburg? Dort wird von einem Kloster auf einer Insel erzählt, die 4 Stunden Schifffahrt vom Ufer entfernt und im Winter ganz isoliert ist. Dort fragten die Journalisten einen Mönch: Ist das nicht beängstigend, so alleine hier im Kloster zu leben? Er antwortete:»Ich bin doch nicht alleine! Wo Gott wohnt, ist man nicht alleine!«

Immer mal wieder setzt im Altenheim der viel gebrauchte Fahrstuhl aus. Ich stelle es mir ziemlich schrecklich vor, darin eingesperrt zu sein. Nachdem wieder einmal der Fahrstuhl für mehrere Tage ausgefallen war, traf ich eine Frau, die gerade zu Beginn des Defekts im Aufzug steckte und mir davon erzählte.

»Wie schrecklich!«, rief ich aus,»haben Sie denn keine Angst gehabt?« –»Nein«, antwortete sie,»ich war ja nicht allein.« Dabei schmunzelte sie ganz liebenswürdig. Ich überlegte, ob sie wohl den Hausmeister meinte, und fragte:»Wer war denn bei Ihnen?« Da antwortete sie:»Unser Herrgott. Der ist immer bei mir!«

Staunend und ein wenig beschämt musste ich lächeln. Was für ein großer Glaube! Und welch ein Vorbild des Vertrauens!

»Hätte ich früher erkannt, wie ich das jetzt weiß, dass der winzige Palast meiner Seele einen so großen König beherbergt, dann hätte ich ihn nicht so häufig darin allein gelassen!«

Teresa von Ávila

13. Schuld und Verzeihen

Zum 2. Sonntag der Passionszeit

GEDENKE NICHT DER SÜNDEN
MEINER JUGEND UND MEINER
ÜBERTRETUNGEN, GEDENKE
ABER MEINER NACH DEINER
BARMHERZIGKEIT, HERR, UM
DEINER GÜTE WILLEN!«

Psalm 25,7

»Du bist schuld!« Furchtbar ist dieser Satz.

Ob er nun vom Ehepartner wütend die Beziehung in Frage stellt oder die Kinder ihr misslungenes Erwachsenenleben damit erklären; ob die Freundin damit die Freundschaft aufkündigt, oder gar ein Gerichtsprozess einen für immer mit diesem Makel belegt.

Aber selbst dann, wenn niemand es laut sagt, kann uns dieser Satz treffen: Nämlich wenn wir uns selber damit anklagen.

Je älter man wird, und je größer der Zeitraum der Vergangenheit wird, desto mehr Situationen tauchen aus der Vergangenheit auf, die wir lieber im Vergessen belassen hätten: hässliche Sätze, liebloses Verhalten, Blindheit für das Fühlen anderer, verblendet gewesen sein vom Denken der damaligen Zeit und ohne Mut zum Widerstand ...

Wir haben das Gefühl oder bekommen es entgegengeschleudert: Das ist unverzeihlich! Es ist nie wiedergutzumachen. Möglicherweise stimmt das auch.

Manche demonstrieren umso hartnäckiger ihr künstliches Selbstbild. Wir aber erkennen in dunklen Stunden die Wahrheit über uns, von der uns niemand freisprechen kann.

Niemand?

In der Bitte des 25. Psalms steckt das Vertrauen, dass Gottes Güte groß genug ist, um auch das Unverzeihliche zu verzeihen. Er lässt uns nicht fallen, auch wenn wir uns gar nichts anderes vorstellen können.

Sich selbst verzeihen

Nein, ich meine jetzt nicht die Menschen, die alle eigenen Fehler auf die leichte Schulter nehmen und singen: »Wir sind ja alle, alle kleine Sünderlein!« Oder die die eigene Schuld leichthin kleinmachen mit: Jeder Mensch macht Fehler!

Ich denke vielmehr an die Menschen, die sich ihrer Schuld bewusst sind und das Gefühl haben, sich selber nicht verzeihen zu können. Obwohl andere freundlich und gütig sind und meinen, es war doch keine große Sache, eher natürlich und vielleicht sogar der einzig sinnvolle Weg. Doch das eigene Verantwortungsgefühl wiegt schwerer als die Not, die einen trieb. Der Anspruch, andere zu lieben, ist höher als die Überzeugung, sich selbst lieben zu dürfen – notfalls auch in Abwehr anderer.

Es gibt eine Liebe, die umfassender ist, als wir uns vorstellen können. Damit wir es uns vorstellen können, schickte Gott Jesus unter die Menschen. Nicht umsonst ist sein Satz »Ich bin der gute Hirte« zu einer der frühesten Botschaften und Bilder geworden. Egal, wie verirrt wir sein mögen: Seine Liebe folgt uns in jeden Abgrund – und holt uns in seine Arme!

Statue – Jesus, der Gute Hirte

DAS VERBOGENE KRUZIFIX

In einer der Kirchen Spaniens hängt ein bemerkenswertes Kreuz. Das Auffallende daran ist der rechte Arm des Gekreuzigten, der sich, vom Nagel gelöst, herabneigt. Dazu wird von einer Generation zur anderen folgende Geschichte überliefert:

Unter dem Kreuz beichtete ein Mann in aufrichtiger Reue seine zahlreichen schweren Sünden. Der Priester gab ihm die Lossprechung, bat ihn aber, in Zukunft nicht rückfällig zu werden.
Der Mann war darum bemüht und blieb eine Zeitlang seinem Versprechen treu. Dann wurde er wieder schwach. Wieder sprach ihn der Priester im Namen Gottes von seinen Sünden los.
Als es dann aber die Gewohnheit einerseits und die menschliche Schwäche andererseits mit sich brachten, dass er wiederum schuldig wurde, zweifelte der Priester an der Echtheit seiner Reue und wollte ihm die Lossprechung verweigern.
In diesem Augenblick habe der Gekreuzigte seine Hand vom Nagel gelöst und zeichnete über jenen Mann das Zeichen der Erlösung. Dann aber wandte er sich dem Priester zu und sagte zu ihm: »*Du* hast dein Blut nicht für ihn vergossen!«

Pater Rudolf Stertenbrink

14. Nach vorne schauen

Zum 3. Sonntag der Passionszeit (genannt »Okuli« nach dem Psalm)

WER SEINE HAND AN DEN PFLUG
LEGT UND SIEHT ZURÜCK, DER IST
NICHT GESCHICKT FÜR DAS
REICH GOTTES.

Wochenspruch aus Lukas 9,62

»Meine Augen sehen stets nach dem Herrn«

»Schau vorwärts!«, fordert Jesus in Lukas 9 von jemandem, der ihm nachfolgen, aber sich erst von seiner Familie verabschieden will. Ganz schön heftig, nicht wahr?

»Schau nicht zurück! Das bringt dich von der Spur ab!«, sagt Jesus hier. Es stimmt: Wer Furchen zieht und wer Fahrrad fährt, darf sich nicht umdrehen, sondern muss den Zielpunkt im Auge haben, sonst verreißt er den Lenker.

Aber muss man nicht manchmal zurückschauen: Wie war mein Weg? Wo bin ich vielleicht abgekommen von meiner Spur? Muss ich auf jemanden Rücksicht nehmen? Im Alter gibt es noch mehr zu schauen bei den Erinnerungen als in der Zukunft. Oder nicht?

Der Blick zurück lenkt unsere Gedanken auf Unabänderliches, der Blick nach vorne auf Mögliches. Das Reich Gottes liegt nicht in der Vergangenheit, sondern in der Zukunft. Wir streben dorthin; wir träumen uns nicht zurück. Jesus will uns abhalten von dem Bedenken »Aber erst muss ich ...«. Nein. Bei Jesus können wir die Vergangenheit ablegen und die Zukunft erwarten.

»Ja, aber ...« ist in Gottes Nähe aufgehoben. Gott nimmt uns an ohne den Ballast der Vergangenheit und schenkt uns Zukunft. Auch nach Fehlern, Enttäuschungen, Hoffnungslosigkeit. Er möchte uns aber auch ganz und gar: voll Vertrauen, Freude, Dankbarkeit und Neugier. Das Reich Gottes kommt. Blicken wir ihm entgegen!

Man ist nie zu alt für die Zukunft

Erinnern Sie sich noch an die Geschichte von dem Briten Tom Moore? In den Ostertagen 2020 ging die verblüffende Meldung um die Welt, dass der erstaunliche alte Herr nach einer schweren Erkrankung genesen und mit seinen 99 Jahren wieder am Rollator gehen konnte. Er war so dankbar für die gute Betreuung im Krankenhaus, dass er mit seinem Enkel eine Internet-Spendensammlung plante: Er versprach, vor seinem 100. Geburtstag 100 Runden um sein Haus zu gehen, und bat für jede Runde um eine Spende für das Gesundheitssystem. Er hoffte auf 1000 Pfund, aber es wurden über 33 Millionen Euro!

Er wurde eine Berühmtheit. Bei seinem 100. Geburtstag wurde er groß gefeiert. Die Queen schlug ihn zum Ritter. Die Soldaten standen Sir Tom Moore Ehren-Spalier. Er erkrankte dann doch auch noch an Corona und starb am 2. Februar 2021.

Mit allen militärischen Ehren wurde er begraben.

Was mich an der Geschichte so beeindruckte, waren des Mannes Energie und seine Dankbarkeit. Und dass man noch mit 100 Jahren ein Star der Mitmenschlichkeit werden kann.

PSALM 34, 2-3.5-6a

Aus tiefster Seele will ich den Herrn rühmen.
Alle, die ihr Leid geduldig tragen,
werden mich hören und sich freuen.
Ich suchte die Nähe des Herrn –
und er hat mir geantwortet:
Er errettete mich aus aller Angst.
Alle, die zu ihm aufschauen,
werden strahlen vor Freude!
Der Engel des Herrn lässt sich bei denen nieder,
die in Ehrfurcht vor Gott leben,
er umgibt sie mit seinem Schutz und rettet sie.
Erfahrt es selbst und seht mit eigenen Augen,
dass der Herr gütig ist!

Neue Genfer Übersetzung

Siehe, Ich gebe dir Meine Augen, dass du mit ihnen
alle Dinge sehest, und Meine Ohren, dass du mit
ihnen alle Dinge vernehmest; auch Meinen Mund
gebe Ich dir, dass du alles, was du an Reden, Beten
oder Singen auszusprechen hast, durch ihn tuest. Ich
gebe dir Mein Herz, dass du dadurch alles denkest
und Mich und um Meiner willen alle Dinge liebest.

Vision der Mystikerin Mechthild von Hackedorn

Er, auf Dessen Antlitz Feen neidisch sind, / kam
in der Morgendämmerung und schaute, / was in
meinem Herzen sich find'. / Sein Weinen und mein
Weinen, bis der Morgen kam herbei / und fragte:
O Wunder! Wer ist der Liebende von diesen zwei?

Der persische Mystiker und Dichter Rumi

15. Korn in der Erde

Zum 4. Sonntag der Passionszeit (genannt »Lätare« – »Freut euch!«)

WENN DAS WEIZENKORN NICHT
IN DIE ERDE FÄLLT UND ERSTIRBT,
BLEIBT ES ALLEIN; WENN ES ABER
ERSTIRBT, BRINGT ES VIEL FRUCHT.

Wochenspruch aus Johannes 12,24

Ich bin gar nicht gut darin, Pflanzen im Herbst zurückzuschneiden, obwohl ich weiß, dass es nötig ist. Es tut mir immer leid um die Triebe, für die sich die Pflanze doch Mühe gab. Nach dem Herbstschnitt sieht doch alles kahl und klein aus. Darum verholzt bei mir der Lavendel und die Hecke ist oben grün und unten löchrig.

So ist das auch mit dem Samen: Wer kann sich im Winter vorstellen, dass unter der Erde schon ein Samenkorn sprießt und in wenigen Wochen das Feld grün sein wird? Es erscheint uns jedes Frühjahr wie ein Wunder. Wir freuen uns stets neu daran.

Jesus vergleicht sein Leben mit einem Samenkorn: Wenn er nicht sterben würde, entstünde nichts Neues. Nur durch seinen Tod kann das Wunder des neuen Lebens aufblühen.

Genauso ist es mit Gottes Reich: Es erscheint uns oft wie eine Utopie in der menschengemachten Zerstörung. Doch es gibt diese kleinen Anfänge: Einzelne Menschen, die Liebe und Zuwendung leben – und es wird hell um sie. Einzelne tun sich zusammen und wagen den Frieden – und die Bewegung steckt an.

Und ebenso ist es mit dem ewigen Leben: Jesus geht den Weg durch den Tod hindurch, so dass Auferstehung erfahrbar wird. Er nimmt uns an der Hand und sagt: »Komm, ich zeige dir das kommende Leben. Es beginnt schon hier und wird vollkommen in der Treue Gottes. Ich gehe schon mal voraus. Wir sehen uns ...!«

KORN, DAS IN DIE ERDE, IN DEN TOD VERSINKT

Evangelisches Gesangbuch Nr 98

1. Korn, das in die Erde, in den Tod versinkt,
   Keim, der aus dem Acker in den Morgen dringt –
   Liebe lebt auf, die längst erstorben schien:
   Liebe wächst wie Weizen, und ihr Halm ist grün.

2. Über Gottes Liebe brach die Welt den Stab,
   wälzte ihren Felsen vor der Liebe Grab.
   Jesus ist tot. Wie sollte er noch fliehn?
   Liebe wächst wie Weizen, und ihr Halm ist grün.

3. Im Gestein verloren Gottes Samenkorn,
   unser Herz gefangen in Gestrüpp und Dorn –
   hin ging die Nacht, der dritte Tag erschien:
   Liebe wächst wie Weizen, und ihr Halm ist grün.

Jürgen Henkys nach dem englischen »Now the green blade rises«
von John Macleod Campbell Crum (EG 98)

VOM KURZEN LEBEN DES WASSERKÄFERS

Ein Mann fuhr mit seinem Boot über einen See, um für sich allein zu sein. Das Boot trieb an einer flachen Stelle an Land.

Da beobachtete der Mann, wie an der Seitenwand seines Bootes ein Wasserkäfer hochkrabbelte. Als der Käfer mit Anstrengung auf dem Bootsrand angekommen war, blieb er erschöpft hocken und starb. »Was für eine zwecklose Mühe!«, dachte der Mann und träumte vor sich hin.

Plötzlich sah er, wie in der heißen Sonne der trockene Panzer des Käfers mit leisem Knacken aufplatzte – und aus ihm stieg langsam eine zierliche Libelle. Sie breitete ihre bunt schillernden Flügel aus und flog in die Höhe. Überrascht und staunend verfolgte er ihren Flug, wie sie langsam wieder in Wassernähe kam. Ob wohl die Wasserkäfer dieses andere Wesen bemerkten? Und ob sie sich wohl auch nur vorstellen konnten, dass dieses zierliche, schöne und in Windeseile fliegende Geschöpf zuvor ein schwerfälliger Käfer wie sie gewesen war?

Als der Mann später seinen Freunden davon erzählte, fügte er hinzu: »Da wurde es mir auf wundersame Weise klar: Warum sollte der Schöpfer des Universums nicht auch mit uns tun können, was er den Wasserkäfern tat?«

Erzählung frei nach Willi Hoffsümmer

16. Dunkle Zeiten

Zum 5. Sonntag der Passionszeit
(genannt »Judica« – »Schaffe mir Recht!«)

WARUM BIST DU SO BEDRÜCKT, MEINE
SEELE, UND SO UNRUHIG? WARTE NUR
ZUVERSICHTLICH AUF GOTT! DENN GANZ
GEWISS WERDE ICH IHM NOCH DAFÜR
DANKEN, DASS ER MIR SEIN ANGESICHT
WIEDER ZUWENDET UND MIR HILFT.
JA, ER IST MEIN GOTT!

Wochenpsalm 43,5
(Neue Genfer Übersetzung)

Es gibt dunkle Zeiten. So dunkel, dass wir uns gar nicht vorstellen können, dass es jemals wieder gut wird. Tage voller Schmerzen. Nächte voller Schuldgefühle. Wut und Enttäuschung über Kälte oder Verrat. »Wenn das Leben so ist«, denkt manch einer bitter, »dann kann es keinen Gott geben.«

Das Leben kann so sein. Wir leben nicht im Paradies. Wir leben als Menschen, die die Freiheit haben, ihre Fähigkeiten zum Guten oder zum Schlechten zu nutzen, die sich von Gott lossagen oder an ihm festhalten können, die um sich selber kreisen oder sich öffnen können für andere.

Und dementsprechend sieht das Leben dann aus. Es kann geprägt sein von Liebe oder von Schuld. Von uns und von anderen.

Der Schrei nach Recht, die Klage über das Elend, der Ruf nach Gott durchziehen auch die Bibel. Wenn wir keine eigenen Worte haben, können wir sie dort finden. Die Schicksale der biblischen Gestalten kommen uns nah, reichen uns die Hand. Wir sind nicht allein. Wir hoffen und klagen mit ihnen. Wir reihen uns ein in die Gottesgeschichte.

Gott nötigt uns Geduld ab. Aber er lässt uns nicht fallen. Gott setzt sein Recht nicht mit Gewalt durch, aber er hält daran fest.

Aber keine Nacht ist so dunkel, dass er nicht neu das Licht über uns aufgehen ließe. Unsere Sorge und Unruhe kann Trost und Hoffnung finden. Ein neuer Morgen wird anbrechen, sogar ein ewiger Morgen.

HOLZ AUF JESU SCHULTER

1. Holz auf Jesu Schulter, von der Welt verflucht,
   ward zum Baum des Lebens und bringt gute Frucht.
   Kyrie eleison, sieh, wohin wir gehn.
   Ruf uns aus den Toten, laß uns auferstehn.

2. Wollen wir Gott bitten, dass auf unsrer Fahrt
   Friede unsre Herzen und die Welt bewahrt.
   Kyrie eleison, ...

3. Denn die Erde klagt uns an bei Tag und Nacht.
   Doch der Himmel sagt uns: Alles ist vollbracht!
   Kyrie eleison, ...

4. Wollen wir Gott loben, leben aus dem Licht.
   Streng ist seine Güte, gnädig sein Gericht.
   Kyrie eleison, ...

5. Denn die Erde jagt uns auf den Abgrund zu.
   Doch der Himmel fragt uns: Warum zweifelst du?
   Kyrie eleison, ...

6. Hart auf deiner Schulter lag das Kreuz, o Herr,
   ward zum Baum des Lebens, ist von Früchten schwer.
   Kyrie eleison, sieh, wohin wir gehn.
   Ruf uns aus den Toten, laß uns auferstehn.

Jürgen Henkys nach dem niederländischen »Met de boom
des levens« von Willem Barnard (EG 97)

Herr, wohin sollen wir gehen? Du hast Worte
des ewigen Lebens; und wir haben geglaubt und
erkannt: Du bist der Heilige Gottes.

Johannes 6,68-69

Das volle Leben

Wir wünschen uns das volle Leben. Und meinen damit: Es soll uns alles Schöne bieten. Doch ist das schon das volle Leben? Wir werden in ein Leben hineingeboren, in dem wir uns ausbreiten und entwickeln können. Aber der Weg dahin führt durch die Enge; dort werden wir auf die Muskelanspannung vorbereitet und mit Immunstoffen versorgt. Die Luftnot zwingt uns zum ersten eigenen Atemholen.

Wir gehen in Kita und Schule. Dazu müssen wir unsere Eltern mit Ängsten verlassen. Aber wir können dort Freunde finden und entdecken, dass viele Fähigkeiten in uns stecken und dass Mühe sich lohnt.

Wir gehen arbeiten und finden Partner oder Partnerin fürs Leben. Auch da werden wir es manchmal anstrengend und unbefriedigend finden. Doch wir entdecken auch Freude und Erfüllung.

Wir werden älter und kränker. Dabei lernen wir, unser Leben neu zu betrachten: wo wir behütet und geführt wurden, wofür wir danken und was wir bewirken konnten. Und wir lernen Abschied nehmen: in ein neues Leben hinein, eine neue Geburt ...

17. Siegestaumel und Enttäuschungshass

Zum Palmsonntag

ALS AM NÄCHSTEN TAG DIE GROSSE MENGE, DIE
ZUM FEST GEKOMMEN WAR, HÖRTE, DASS JESUS
NACH JERUSALEM KOMMEN WERDE, NAHMEN SIE
PALMZWEIGE UND GINGEN HINAUS IHM ENTGEGEN
UND SCHRIEN: HOSIANNA! GELOBT SEI, DER DA
KOMMT IM NAMEN DES HERRN, DER KÖNIG VON

Einzug in Jerusalem
Passionsrelief um 1370/80

ISRAEL! JESUS ABER FAND EINEN JUNGEN ESEL
UND SETZTE SICH DARAUF, WIE GESCHRIEBEN
STEHT: »SIEHE, DEIN KÖNIG KOMMT UND REITET
AUF EINEM ESELSFÜLLEN.«

Aus dem Evangelium zum Palmsonntag Johannes 12,12-14.15b

Wann kommen große Menschenmengen zusammen
und schreien und rufen Sätze voller Siegestaumel? Beim
Fußballspiel oder anderen Wettkämpfen, bei Aufruhr
und Revolution. Was toll klingt und Hoffnung vermit-
telt, hat oft einen Boden von Frust und Gegnerschaft.
Doch wenn die Hoffnung nicht erfüllt wird, kehren im
Nu die Wut und Gewalt an die Oberfläche.

Der König und die geistlichen Oberhäupter bekommen Angst vor dem schreienden Volk: Wollen sie einen
Wundertäter an ihre Stelle heben?

Jesus setzt ein Zeichen dagegen: »Ich komme auf
einem Esel. Ich will euren Thron nicht. Ich regiere mit
Bescheidenheit und Frieden. Ich suche eure Herzen,
nicht die Macht.«

Doch die Herrscher haben Angst um ihre Position.
Sie planen Jesu Hinrichtung. Da ist das Volk enttäuscht
von Jesu »Nichtstun«. Nun ballen sie sich zusammen
und brüllen: Kreuzige ihn! Es werden wenige sein, die
den Weg Jesu mitgehen.

Hüten wir uns vor denen, die laut schreien, dass sie
Freiheit wollen, aber ihre Gesichter sind verzerrt von
Hass! Hüten wir uns vor unserer Überzeugung, besser
Bescheid zu wissen als andere, ohne Verantwortung für
die Schwachen zu übernehmen! Wem laufen wir nach?
Was erfüllt unser Herz? Ist es Eigennutz oder Fürsorge,
Rechthaben oder Frieden, Durchsetzung oder Liebe? Was
würde uns Jesus sagen, wenn wir ihn um Rat fragten?

EIN KLAGEPSALM ZUM LESEN UND BETEN

Rette mich, Gott,
das Wasser steht mir bis zum Hals!
Ich versinke im tiefen Schlamm,
meine Füße finden keinen Halt mehr.
Die Strudel ziehen mich nach unten,
und die Fluten schlagen schon über mir zusammen.
Ich habe mich heiser geschrien
und bin völlig erschöpft.
Meine Augen sind vom Weinen ganz verquollen,
vergeblich halte ich Ausschau nach meinem Gott.
Ich aber bete zu dir, Herr!
Jetzt ist die Zeit gekommen, in der du mir
gnädig sein wirst!
Erhöre mich, Gott, denn deine Güte ist groß
und auf deine Hilfe ist immer Verlass.

Psalm 69,2-4.14 (Hoffnung für alle),
Wochenpsalm für die Karwoche

76

Christusfigur in Alta, Norwegen, Nordlichtkathedrale

ÄNGSTLICHKEIT

nimmt nicht dem Morgen seine Sorgen,
aber dem Heute seine Kraft.

C.H. Spurgeon

IM DUNKEL UNSRER ÄNGSTE

1. Im Dunkel unsrer Ängste, im Schrei aus unsrer
   Not: Du leidest mit an unserm Kreuz, du stirbst
   auch unseren Tod.

2. Im Frosthauch unserer Kälte, im Kampf um Geld
   und Brot: Du zweifelst mit an unserm Kreuz, du
   stirbst auch unseren Tod.

3. Im Wahnsinn unseres Handelns, im Krieg, der uns
   bedroht: Du weinst mit uns an unserm Kreuz, du
   stirbst auch unseren Tod.

4. In Nächten des Alleinseins, in Tagen ohne Brot: Du
   stirbst mit uns an unserm Kreuz, du stirbst auch
   unseren Tod.

5. Im Sturm, der nicht zertrümmert, im Schutz für
   unser Boot: Du steigst mit uns von unserem Boot,
   besiegst auch unseren Tod.

Diethard Zils nach Michael Scouarnec

18. Gott, wo bist du?

Zu Karfreitag

MEIN GOTT, MEIN GOTT, WARUM HAST DU MICH VERLASSEN? ICH SCHREIE, ABER MEINE HILFE IST FERNE. MEIN GOTT, DES TAGES RUFE ICH, DOCH DU ANTWORTEST NICHT, UND DES NACHTS, DOCH FINDE ICH KEINE RUHE.

Der Anfang von Psalm 22, den Jesus nach Matthäus 27 am Kreuz betet.

Manchmal kommt einfach zu viel zusammen: sich krank und schwach fühlen, vergeblich auf Besserung oder Unterstützung warten, ... und wenn dann noch Schmerzen dazukommen oder boshafte Menschen, wird es ganz miserabel. Dann versucht man, zu beten und hat den Eindruck, es ist ja doch nur in die Leere gesprochen. Gott antwortet ja doch nicht – wenn es ihn überhaupt gibt.

Manche Krisenzeit ist geradezu angetan, einen in so ein finsteres Gedanken- und Gefühlsloch zu stürzen. Vor einer Woche schickte mir eine Freundin einen Brief. Gerade hatten sie sich über die Coronakrise unterhalten und wie schrecklich das wohl noch werden mag. Da rief der Sohn aus dem Wohnzimmer: »Mama, schau mal!« Sie kam und sah auf der Kommode ihre innen vergoldete Teelichtkugel in hellstem Licht leuchten, obwohl keine Kerze an und sie vom Fenster weggedreht war. Trotzdem brachte ein Sonnenstrahl sie zu phantastischem Leuchten. Das war für sie ein Zeichen: Auch in der Dunkelheit und wenn wir nichts mehr tun können, kann plötzlich der Lichtstrahl Gottes aufleuchten. Keine Situation ist so ausweglos, dass Gott sie nicht zum Hellen wandeln könnte.

Das ist auch die Wandlung, die Jesus am Kreuz erlebte: von tiefster Verlassenheit und Verzweiflung durch den Tod zu neuem Leben. Auch wir sind nicht verlassen: Wir folgen Jesus auf seinem Weg.

DIE KREUZIGUNGSGESCHICHTE IN
LUKAS 23,32-46 ZUM LESEN UND MEDITIEREN

Es wurden auch andere hingeführt, zwei Übeltäter, dass sie mit ihm hingerichtet würden. Und als sie kamen an die Stätte, die da heißt Schädelstätte, kreuzigten sie ihn dort und die Übeltäter mit ihm, einen zur Rechten und einen zur Linken. Jesus aber sprach: Vater, vergib ihnen; denn sie wissen nicht, was sie tun! ...

Das Volk stand da und sah zu. Aber die Oberen spotteten und sprachen: Er hat andern geholfen; er helfe sich selber, ist er der Christus, der Auserwählte Gottes. Es verspotteten ihn auch die Soldaten, traten herzu und brachten ihm Essig und sprachen: Bist du der Juden König, so hilf dir selber! Einer der Übeltäter, die am Kreuz hingen, lästerte ihn und sprach: Bist du nicht der Christus? Hilf dir selbst und uns! Da antwortete der andere, wies ihn zurecht und sprach: Fürchtest du nicht einmal Gott, der du doch in gleicher Verdammnis bist? Wir sind es zwar mit Recht, denn wir empfangen, was unsre Taten verdienen; dieser aber hat nichts Unrechtes getan. Und er sprach: Jesus, gedenke an mich, wenn du in dein Reich kommst! Und Jesus sprach zu ihm: Wahrlich, ich sage dir: Heute wirst du mit mir im Paradies sein.

Es war schon um die sechste Stunde, und es kam eine Finsternis über das ganze Land bis zur neunten Stunde, die Sonne verlor ihren Schein, und der Vorhang des Tempels riss mitten entzwei. Und Jesus rief laut: Vater, ich befehle meinen Geist in deine Hände! Und als er das gesagt hatte, verschied er.

Jesus, du mein Bruder und Erlöser!
Du weißt, wie ich mich fühle.
Du hast Schlimmeres erlitten als ich,
Menschenhass, Spott und Tod, ganz zu Unrecht.

Ich bin erschrocken über die Welt,
über die Menschen und auch über mich.
Das Leid der andern ist mir oft egal.
An das Bild deines Leidens habe ich mich
gewöhnt, doch wieviel Liebe hast du selbst
für deine Peiniger gehabt!

Lass mich heute Dein Leiden ernst nehmen und
gib mir daraus die Kraft, mein Leiden zu tragen
und anderen tragen zu helfen.

Ich vertraue Dir,
dass ich in Deiner Hand bin,
was auch geschieht.
Ich bitte Dich für alle Menschen,
die schwer leiden und dem Tod nah sind;
ich bitte Dich für die Pflegekräfte und Ärzte:
Hilf ihnen bei ihrer schweren Arbeit!
Geh mit uns durch die Dunkelheit der Welt
hin zu Deinem Licht!
Amen

19. Nichts fesselt uns mehr!

Zum Osterfest

CHRISTUS SPRICHT: ICH WAR TOT, UND SIEHE, ICH BIN LEBENDIG VON EWIGKEIT ZU EWIGKEIT UND HABE DIE SCHLÜSSEL DES TODES UND DER HÖLLE.

Aus Offenbarung 1,18

Michael Triegel, Imago

Was für ein Osterbild! Als ich die Gemälde des zeitge-
nössischen Leipziger Malers Michael Triegel entdeckte,
war ich sofort fasziniert: Er malt so kunstfertig wie ein
alter Meister, er verwendet Symbole, die uns aus alten
Bildern vertraut sind, aber bei genauerem Hinsehen
verblüfft, erschreckt oder verwundert einen, was man
dort sieht.

Was macht der Auferstandene in einem leeren ge-
fliesten Bad eines alten Gebäudes über einem vergol-
deten Rollstuhl?

Triegel erlaubt uns unsere Assoziationen. Manche
sehen darin eine Botschaft an die lahme und leere Kirche. Ich habe sofort an die Menschen im Altenheim
gedacht: Wie großartig, einen Rollstuhl in Gold und
mit Brokatstoff zu malen! Er ist nicht mehr Inbegriff
der Gebrechlichkeit, sondern ein ganz besonderer
Thron. Saß Jesus zuvor darin und zeigte damit: In jedem Rollstuhlfahrer begegne ich euch? Oder hat Jesus
den Kranken aus dieser trostlosen Umgebung schon
herausgeholt? Schmetterlinge fliegen durch den Raum
und verbreiten zarte Hoffnung auf neues Leben.

Eine Kerze am Boden brennt: Ist nicht überall der
Ort zu Besinnung und Anbetung, auch in einem lieb-
losen Raum und in Schwachheit, weil über allem ja der
Auferstandene thront auf dem schönsten und flüch-
tigsten Platz: dem Regenbogen? Entdecken Sie selber,
was das Bild in Ihnen zu diesem Osterfest auslöst!

EIN OSTERLIED

Wir stehen im Morgen. Aus Gott ein Schein
durchblitzt alle Gräber. Es bricht ein Stein.
Erstanden ist Christus. Ein Tanz setzt ein.

Ein Tanz, der um Erde und Sonne kreist:
Der Reigen des Christus, voll Kraft und Geist.
Ein Tanz, der uns alle dem Tod entreißt.

An Ostern, o Tod, war das Weltgericht.
Wir lachen dir frei in dein Angstgesicht.
Wir lachen dich an, du bedrohst uns nicht.

Wir folgen dem Christus, der mit uns zieht,
stehn auf, wo der Tod und sein Werk geschieht,
im Aufstand erklingt unser Osterlied.

Am Ende durchziehn wir, von Angst befreit,
die dürstere Pforte, zum Tanz bereit.
Du selbst gibst uns, Christus, das Festgeleit.

Text: Jörg Zink

Eingang zum Gottesacker in Herrnhut mit der goldenen Aufschrift:
CHRISTUS IST AUFERSTANDEN VON DEN TOTEN

Er hat die Schlüssel

Merkwürdig: Diesen Wochenspruch aus Offenbarung 1,18 kenne ich schon lange und ich fand ihn immer ein wenig gruselig. Überspitzt gesagt, klang er für mich so: »Ich bin nicht mehr tot, sondern lebe für immer und werde jetzt entscheiden, wer von euch nach dem Tod vielleicht aufersteht und wer in die Hölle kommt.« Bei dem Wort »Schlüssel« hörte ich geradezu das Geklapper des Schlüsselbunds an der Gefängnistür.

Jetzt plötzlich geht mir auf: Wie konnte ich so verblendet sein? Der Schlüssel ist natürlich zum Aufschließen und Befreien gedacht! Er will uns ja herausholen aus der Gefangenschaft des Todes und der Hölle!

Ja, wir können dem Tod und der Hölle ins Gesicht lachen! Dazu befreit uns Jesus. Praktisch und persönlich müssen wir da wohl noch manche Ketten des Denkens und Fühlens sprengen, um uns so befreien zu lassen.

Im Gefängnis von Nowosibirsk kam der russische Christ Georgij Wiens mit Schwerverbrechern in eine Zelle. Sie wollten von ihm wissen, wen er umgebracht habe. Als er sagte, dass er wegen seines christlichen Glaubens verhaftet sei, verlangten sie Beweise. In einer Streichholzschachtel hatte er ein Markus-Evangelium verborgen. Das gab er ihnen. Einer lieh ihm seine Pritsche. Als er aufwachte, lasen sie gerade von der Auferstehung Christi im 16. Kapitel. Immer wieder. Er musste ihnen das Evangelium schenken.

Überlieferung

20. Neu geboren!

Zum Sonntag Quasimodogeniti (»wie die neugeborenen Kinder«)

GOTT HAT UNS DURCH DIE AUFERSTEHUNG JESU CHRISTI VON DEN TOTEN EIN NEUES LEBEN GESCHENKT. WIR SIND VON NEUEM GEBOREN UND HABEN JETZT EINE SICHERE HOFFNUNG.

Aus dem Wochenspruch 1. Petrus 1,3
(Neue Genfer Übersetzung)

Es kann sich wohl kaum jemand dem Zauber entziehen, den es bedeutet, ein neugeborenes Kind anzuschauen, wenn es so voll Vertrauen und Gelassenheit schläft. Es hat mit der Geburt eine anstrengende Zeit hinter sich, und doch wirkt es, als sei das ganz vergessen und nur der Moment zähle: der Moment der Geborgenheit und der Liebe, die ihm entgegenströmt.

Die frühen Christen haben den Wandel ihres Lebensgefühls ebenso empfunden: Mit der Erfahrung und der Botschaft von der Auferstehung Jesu hat sich die Wahrnehmung des ganzen Lebens geändert. Was vorher normal war, ist jetzt überholt. Vorher dachten sie wie alle: Der Mensch wird geboren, lebt mal angenehm und macht oft Schweres durch, und am Ende stirbt er; dann ist alles aus.

Jetzt aber erkannten sie: Der Mensch wird in eine Welt des Chaos geboren; wer aber zu Christus gefunden hat, dem öffnet sich ein Leben, das auch Leid und Tod nicht zerstören können. Das Leben mag schwer sein, aber das ist nur ein Übergang. So wie die Geburt. Das Baby hat auch keine Vorstellung, was außerhalb des Mutterleibes kommt. Das neue Leben ist wie eine neue Geburt. Das Leben hier ist ein Durchgang. Hier haben wir die Chance, Christus zu finden und ihm nachzufolgen. Im neuen Leben werden wir ihm wieder und ganz nah begegnen. Wir werden sehen, was er sah, und erfahren, was er erfuhr: Gottes Herrlichkeit und Liebe, die alles umfasst!

Der Anfang, das Ende – o Herr, sie sind dein,
die Spanne dazwischen – das Leben – war mein.
Und irrt' ich im Dunkeln und fand mich nicht aus:
Bei dir, Herr, ist Klarheit und licht ist mein Haus.

Inschrift auf dem Grabstein von Fritz Reuter (1810-1874)
in Eisenach

DIALOG DER ZWILLINGE IM MUTTERLEIB

Die Schwester sagte zu ihrem Bruder: »Ich glaube an ein Leben nach der Geburt!« Ihr Bruder erhob lebhaft Einspruch: »Nein, nein, das hier ist alles. Hier ist es schön dunkel und warm, und wir brauchen uns lediglich an die Nabelschnur zu halten, die uns ernährt.« Aber das Mädchen gab nicht nach: »Es muß doch mehr als diesen dunklen Ort geben; es muß anderswo etwas geben, wo Licht ist und wo man sich frei bewegen kann.« Aber sie konnte ihren Zwillingsbruder immer noch nicht überzeugen.

Dann, nach längerem Schweigen, sagte sie zögernd: »Ich muß noch etwas sagen, aber ich fürchte, du wirst auch das nicht glauben: Ich glaube nämlich, daß wir eine Mutter haben!« Jetzt wurde ihr kleiner Bruder wütend: »Eine Mutter, eine Mutter!«, schrie er. »Was für ein Zeug redest du denn daher? Ich habe noch nie eine Mutter gesehen, und du auch nicht. Wer hat dir diese Idee in den Kopf gesetzt? Ich habe es dir doch schon gesagt: Dieser Ort ist alles, was es gibt! Warum willst du immer noch mehr? Hier ist es doch alles in allem gar nicht so übel. Wir haben alles, was wir brauchen. Seien wir also damit zufrieden.«

Die kleine Schwester war von dieser Antwort ihres Bruders ziemlich erschlagen und wagte eine Zeitlang nichts mehr zu sagen. Aber sie konnte ihre Gedanken nicht einfach abschalten, und weil sonst niemand da war, mit dem sie hätte darüber sprechen können, sagte sie schließlich doch wieder: »Spürst du nicht ab und zu diesen Druck? Das ist doch immer wieder ganz unangenehm. Manchmal tut es richtig weh.« – »Ja«, gab er zur Antwort, »aber was soll das schon heißen?«

Seine Schwester darauf: »Weißt du, ich glaube, daß dieses Wehtun dazu da ist, um uns auf einen anderen Ort vorzubereiten, wo es viel schöner ist als hier und wo wir unsere Mutter von Angesicht zu Angesicht sehen werden. Wird das nicht ganz aufregend sein?« Ihr kleiner Bruder gab ihr keine Antwort mehr. Er hatte endgültig genug vom dummen Geschwätz seiner Schwester und dachte, am besten sei es, einfach nicht mehr auf sie zu achten und zu hoffen, sie würde ihn in Ruhe lassen.

Nach einer jüdischen Parabel

21. Der gute Hirte

Zum 2. Sonntag nach Ostern

CHRISTUS SPRICHT: ICH BIN DER
GUTE HIRTE. MEINE SCHAFE HÖREN
MEINE STIMME, UND ICH KENNE SIE
UND SIE FOLGEN MIR, UND ICH GEBE
IHNEN DAS EWIGE LEBEN.

Wochenspruch aus Johannes 10

Mosaik: Der gute Hirte, Aquileia

Der gute Hirte

Unzählige Male ist das Motiv des Guten Hirten gemalt worden. Bestimmt steht Ihnen auch gleich ein solches Bild vor dem inneren Auge: in dunklen Farben mit Weichzeichner und Heiligenschein. Im 19. Jh. war es besonders beliebt: als Gemälde über dem Ehebett, als Andachtsbild fürs Gesangbuch, als Sammelbild für fleißige Kinder. Wir empfinden diese heute eher kitschig, aber es hat auch viele Menschen getröstet.

Wussten Sie, dass das erste Bild, das von Jesus gemalt wurde, nicht etwa der Gekreuzigte war, sondern ein junger Hirte? Es findet sich als Motiv in den Katakomben in Rom und in den Mosaiken von Ravenna.

Nicht der Gequälte stand im Mittelpunkt, sondern der Liebevolle, der seine Herde zusammenhält. Er sorgt für die ihm Anvertrauten. Er geht den Verlorenen nach und sammelt alle auf dem gemeinsamen Weg. Wie wichtig für die gefährdete und verfolgte Gemeinde!

Auch heute kann das Bild zu uns sprechen. Wir sind nicht der Gefahr ausgeliefert. Wir sind nicht alleingelassen. Es gibt die Stimme, die uns ruft; die Gemeinschaft, die ihm folgt; einen Weg, den er kennt und uns führt, auch durchs dunkle Tal hindurch. Wir haben einen guten Hirten.

Der wohl bekannteste Psalm – zum Wieder-Erinnern,
Beten und Mutmachen:

PSALM 23

Der Herr ist mein Hirte, mir wird nichts mangeln.
Er weidet mich auf einer grünen Aue und
führet mich zum frischen Wasser.
Er erquicket meine Seele. Er führet mich auf
rechter Straße um seines Namens willen.
Und ich ob ich schon wanderte im finstern Tal,
fürchte ich kein Unglück; denn du bist bei mir,
dein Stecken und Stab trösten mich.
Du bereitest vor mir einen Tisch im Angesicht
meiner Feinde. Du salbest mein Haupt mit Öl
und schenkest mir voll ein.
Gutes und Barmherzigkeit werden mir folgen
mein Leben lang und ich werde bleiben im
Hause des Herrn immerdar.

JESUS, DU MENSCHENFREUND!

Ich wundere mich, dass Du so freundlich
sein konntest, sogar zu denen,
die Dich verspotteten und verfolgten.
Wie tief muss deine Liebe gewesen sein,
dass Du all das auf Dich nahmst,
nur um uns den besten Weg zu zeigen.

Jesus, du willst unser guter Hirte sein.
Doch wir sind nicht gerne Schafe;
wir halten sie für dumm.
Wir sind höchstens schwarze Schafe:
eigenwillig und trotzig.
Geh uns nach, Jesus!
Hol uns aus unserem Versteck!
Denn in der Tiefe sehnen wir uns nach Dir:
nach dem liebevollen Freund,
dem klugen Ratgeber,
dem göttlichen Heilsbringer,
dem Beschützer
und Kämpfer für das Recht der Schwachen.

Sei mein guter Hirte,
auch wenn ich mich sträube!
Halte unsere Gemeinde zusammen,
auch wenn wir lieber Individualitäten sind.
Fordere mich heraus zum Glauben
in der schönen Weite *und* im dunklen Tal!
Schenke uns das Leben,
zu dem Du uns führen willst!
Amen

22. Freut euch!
Ein neuer Mensch!

Zum Sonntag Jubilate

IST JEMAND IN CHRISTUS,
SO IST ER EINE NEUE KREATUR;
DAS ALTE IST VERGANGEN, SIEHE:
NEUES IST GEWORDEN.

Wochenspruch aus 2. Korinther 5,17

Das wär's doch: Es müsste ein Bad geben, in das man als älterer Mensch mit seinen Gebrechen einsteigt und als junger Mensch wieder herauskommt! Ein alter Traum der Menschheit: Ewig jung sein, die angesammelten Lasten einfach wegspülen können. Das Paradies finden, bevor wir Menschen mit unserer Selbstvergottung alles verderben. Doch das gibt es nicht.

Wie kann Paulus dann versprechen, dass wir ein neuer Mensch werden, wenn wir uns ganz an Christus binden? Als Jugendliche durfte ich für 2 Wochen nach England in ein Jugendhaus fahren. Dort fand ich einen Aufkleber, auf dem stand kreisrund: »When someone becomes a Christian, he becomes a brand new person inside.« Das fand ich toll: Man wird als Christ eine brandneue Person, also: innerlich total neu. Für eine Jugendliche im Erwachsenwerden ein reizvolles Versprechen. Und im Alter? Da hieße es: Enttäuschungen abwischen, verdorbene Beziehungen heilen, Vorurteile ablegen, Güte lernen, Glauben wagen. Sich auf Jesus einlassen: die Chance neuen Lebens. Wir werden nicht jünger, aber wir können unsere Erfahrungen in Weisheit verwandeln und unseren Schmerz in Trotz und Mut; wir können uns unabhängig machen von Erfolg, Leistung, Selbstoptimierung. Wir können einfach sein, was wir nie zu sein wagten: Gottes geliebte Kinder mit Mut und Vertrauen in Ihn und der stolzen Freude, den besten Freund gefunden zu haben.

Jubelt! Freut euch!

Es gab eine Zeit, da galt es in manchen Kreisen als unfromm, laut zu lachen. Was für ein Glück, dass ich darin nicht aufwuchs! Ich lache nämlich sehr gern. Selbst bei knurrigen alten Herren finde ich meist noch Grund, zu lachen und sie zumindest zum Schmunzeln zu bringen. Und sogar bei Trauergesprächen finde ich häufig noch den Ansatz, schöne und heitere Erinnerungen hervorzulocken, so dass die Familie sich lächelnd erinnern kann.

Was für eine wunderbare Gabe ist das Lachen! Nicht das boshafte oder schadenfrohe, sondern das heitere, dankbare, staunende Lachen, das mit den Engeln und den Vögeln zusammenstimmt. Und natürlich mit dem Lachen der Kinder. Das Lachen der Kinder ist so energievoll, dass es sofort auch Klatschen und Hüpfen hervorruft.

Liebe Leser und Leserinnen, verlernen Sie das Lachen nicht! Der Ernst des Lebens nimmt schon genug Platz ein. Wir machen lieber Platz für Heiterkeit und Freude!

Ein neuer Mensch

Kürzlich lief vor dem Fernsehgottesdienst eine kurze Repor-
tage von einem ehemaligen Drogenboss aus Südamerika.
Er war als junger Mann aus einem Elendsviertel ins Dro-
genmilieu geraten. Eine berufliche Chance sah er für sich
sowieso nicht. Aber als Drogenkurier konnte er gut Geld machen. Schnell stieg er zu einem erfolgreichen Drogenboss
auf, der Millionen verdiente. Er schreckte vor Gewalt nicht
zurück, lebte aber auch stets in Lebensgefahr, denn der
Konkurrenzkampf war hart. Und die Polizei jagte ihn. Eines
Tages geschah es: Die Polizei war ihm auf den Fersen, er
flüchtete, aber ein Schuss streckte ihn nieder. Er überlebte,
doch von da an war er querschnittsgelähmt.

Im Gefängnis bekehrte er sich zum christlichen Glauben. Seit seiner Freilassung macht er sich jede Woche auf,
um den Armen von Jesus zu erzählen. Er lässt sich an seinen Rollstuhl binden und zu den Treffpunkten fahren. Dort
erzählt er von dem neuen Leben ohne Angst, das er bei
Christus gefunden hat. Die Armen des Viertels hören ihm
teils skeptisch, aber meist gebannt und begeistert zu, sie
jubeln und klatschen.

Am Ende lassen sie sich von ihm segnen, sogar die
Bosse. Unermüdlich erzählt er von dem neuen Leben, das
er gefunden hat. Welche Gnade es war, dass er ein neuer
Mensch geworden ist.

23. Singt!

Zum Sonntag Kantate

SINGT DEM HERRN EIN NEUES LIED, DENN ER TUT WUNDER!

Wochenpsalm Psalm 98,1

Was war das in der Coronazeit für ein Verlust: nicht singen zu dürfen! Für die Künstler und Solisten, für Chöre, aber auch für alle fröhlich singenden oder summenden Menschen: nur Worte hinter Masken und kein Gesang!

Gottesdienst feiern ohne Gesang? Das ist für uns schwer vorstellbar. Ob nun die katholische Liturgie oder die protestantischen Glaubenslieder, in dieser Musik steckt die Glaubenskraft der Gemeinde, selbst wenn man vielleicht selber nicht (mehr) singen kann.

Der Gesang ist eine große Macht. Als in der frühen Zeit die Christen im Römischen Reich verfolgt wurden, hörte der Cäsar sie auf dem Weg zu ihrer Hinrichtung Glaubenslieder singen und sagte: »Sie singen! Damit haben wir verloren!«

Im Gesang prägen sich die Worte des Glaubens ein; am Ende des Lebens tauchen oft die Vertrauenslieder der Kindheit wieder auf. Im Singen leben die Freude und der Trotz, die Trauer und der Trost. Das Singen führt Menschen zusammen und richtet sie auf ein Ziel aus.

Ob alte Lieder oder neue, allein oder gemeinsam gesungen, sie schenken Lebenskraft. Auch wenn wir es zeitweise nicht gemeinsam dürfen oder können: Singen Sie laut oder leise für sich und holen Sie sich neue Glaubenskraft!

BEWAHRE UNS, GOTT, BEHÜTE UNS, GOTT

1. Bewahre uns, Gott, behüte uns, Gott.
   Sei mit uns auf unsern Wegen.
   Sei Quelle, sei Kraft, die Leben schafft,
   sei um uns mit deinem Segen. :/

2. Bewahre uns, Gott, behüte uns, Gott.
   Sei mit uns in allem Leiden.
   Voll Wärme und Licht im Angesicht,
   sei nahe in schweren Zeiten. :/

3. Bewahre uns, Gott, behüte uns, Gott.
   Sei mit uns vor allem Bösen.
   Sei Hilfe, sei Kraft, die Leben schafft.
   Sei in uns, uns zu erlösen. :/

4. Bewahre uns, Gott, behüte uns, Gott.
   Sei mit uns durch deinen Segen.
   Dein Heiliger Geist, der Leben verheißt,
   sei um uns auf unsern Wegen. :/

Eugen Eckert (EG 171)

GEBET

Manchmal möchte ich sie noch einmal hören: die
Stimme der Mutter, als sie mich in den Schlaf sang.
Es war ein großes Gefühl der Geborgenheit.

Ich möchte sie noch einmal hören: die Stimme der
Oma, wie sie während der Arbeit sang.
Es sagte mir: Das Leben ist in Ordnung.

Ich möchte sie noch einmal hören: die Stimme des
Großvaters, wenn er im Gottesdienst die Lieder
schmetterte wie eine Fanfare.

Ich möchte sie hören: meine eigene Stimme als Kind,
wie ich beim Spielen sang und ganz bei mir selbst
war.

Ich möchte sie hören: die Stimme der Engel, wenn
der Himmel erfüllt ist vom Lobgesang, und nichts ist
größer als Deine Herrlichkeit, Gott!

Ich möchte Dich hören, Gott, Deine Stimme!
Auch wenn sie nur ein Säuseln ist oder eine leise
Mahnung. Ich wüsste dann, Du schaust nach mir.

Ich möchte Dich meinen Namen sprechen hören,
Jesus! So, wie Du Maria Magdalena anriefst, als sie
vor Tränen nichts sehen konnte – und alles Schwere
war verflogen.

24. Beten – wie geht das?

Zum Sonntag Rogate

GELOBT SEI GOTT, DER MEIN GEBET
NICHT VERWIRFT, NOCH SEINE GÜTE
VON MIR WENDET!

Wochenpsalm Psalm 66,20

Wie gut tut es, wenn liebe Menschen zu Besuch kommen! Es ist doch etwas ganz anderes, als zu telefonieren oder zu mailen oder sich gar nur durch das Fenster zuzuwinken. Ohne einen Menschen sehen zu können, werden die Tage lang.

Wenn der Sonntagspsalm uns auffordert »Betet!«, dann steckt da eine ganz ähnliche Erfahrung dahinter. Wenn man nur ganz gelegentlich mal eine Verbindung zu Gott hat, dann ist das zu wenig für den Glauben und die Beziehung. Dann sagt man mal das Allernötigste, aber der Alltag bleibt isoliert.

»Der Verkehr mit Gott muss geübt werden, sonst finden wir nicht die rechte Sprache, wenn Gott uns überrascht«, schreibt Dietrich Bonhoeffer. Er rechnet fest damit, dass Gott überraschend in unser Leben tritt, und fürchtet, wir seien dann sprachlos und könnten vielleicht gar nicht reagieren. Das kann bei etwas besonders Schönem oder in einer Krise so sein: Wie bringen wir das mit Gott in Verbindung?

Ich denke, auch jetzt ist so eine Zeit, in der wir Gott als Gesprächspartner eigentlich brauchen. Aber verstehen wir noch zu beten? Die Jünger sahen, wie intensiv Jesus betete, und wollten das auch lernen. Da lehrte er sie das Vaterunser. Darin ist alles enthalten, worum wir bitten sollen. Da passt alles hinein, was das Leben ausmacht. Eigene Worte sind auch gut. Und dann: darauf hören, was Gott uns sagen will. Das wird spannend!

Beten ist nicht eine Form des Redens, schon gar nicht des Vielredens, sondern vielmehr aufmerksames Hören. Es kommt nicht so sehr darauf an, dass wir Gott sagen, was wir fühlen und wünschen – das weiß er schon! Sondern dass wir auf seine Antwort hören, selbst in der Stille. Denn manchmal legt er dann die Antwort tief in unser Inneres.

SCHWEIGE UND HÖRE

Schwei - ge und hö - re, nei - ge dei - nes

Her - zens Ohr! Su - che den Frie - den!

Text: Pater Michael Hermes, Melodie: Terrye Coelho

DAS VATERUNSER

Lukas-Evangelium 11,1-4

»Und es begab sich, dass er an einem Ort war und betete. Als er das Gebet beendet hatte, sprach einer seiner Jünger zu ihm: Herr, lehre uns beten, wie auch Johannes seine Jünger lehrte. Da sprach er zu ihnen: Wenn ihr betet, so sprecht:
Vater!
Dein Name werde geheiligt.
Dein Reich komme.
Gib uns unser täglich Brot Tag für Tag ...«

Können Sie es noch auswendig?
Welchen Satz würden Sie von sich aus anfügen?

»Das Gebet ist meiner Ansicht nach nichts anderes als ein Gespräch mit einem Freund, mit dem wir oft und gern allein zusammenkommen, um mit ihm zu reden, weil er uns liebt.«

Teresa von Ávila (1515-1582), spanische Mystikerin

»Man muß beten. Alles Übrige ist eitel. Man muß beten, um die Schrecken dieser Welt aushalten zu können. Man muß beten, um die Kraft zu erlangen, warten zu können. Es gibt keine Verzweiflung, keine traurige Bitterkeit für den Menschen, der viel betet.«

Leon Bloy (1846-1917), französischer Schriftsteller

25. Über den Wolken ...

Zum Fest Christi Himmelfahrt

CHRISTUS SPRICHT: WENN ICH ERHÖHT WERDE VON DER ERDE, SO WILL ICH ALLE ZU MIR ZIEHEN.

Wochenspruch aus Johannes 12,32

Immer schon war es ein großer Traum der Menschen, fliegen zu können. Müsste es nicht wunderbar sein, »frei wie ein Vogel« über allem schweben zu können? (Wobei ich ja annehme, so frei fühlt sich der Vogel dabei nicht, sondern hungrig und zielstrebig.) Erinnern Sie sich an das Lied von Reinhard Mey: »Über den Wolken / muss die Freiheit wohl grenzenlos sein«?

In der Unendlichkeit zu schweben – auch in den verschiedenen Religionen ist es das größte Ziel oder die höchste Auszeichnung, nicht zu sterben, sondern in den Himmel entrückt zu werden.

Die Geschichte von Christi Himmelfahrt beendet die Erscheinungen des Auferstandenen. Niemand wird ihn mehr sehen können. Aber er verspricht seinen Jüngern, dass er sie zu sich ziehen werde.

Nun leben wir wie Er auf dieser Erde in ihrer Schönheit und mit ihren Schmerzen, mit Glück und Trauer; mal fühlen wir uns hier zu Hause und manchmal fremd und verloren.

Jesus verspricht uns: »Unsere Verbindung bleibt. Ich werde erhoben in Gottes himmlisches Reich und hole euch nach.« Denn wirklich zu Hause sind wir nur bei Ihm. Und in dieser Höhe und Freiheit werden wir erst richtig erkennen, was das Leben ist, was es war und was das Wesentliche ist.

Wir dürfen Gott erkennen im hellen Licht und ganz in der Liebe Jesu geborgen sein. Höher hinauf geht es gar nicht.

DAS EVANGELIUM NACH JOHANNES 17,20-26

Aus dem Abschiedsgebet Jesu

Vater, ich will, dass die, die du mir gegeben hast, dort sind, wo ich bin. Sie sollen bei mir sein, damit sie meine Herrlichkeit sehen – die Herrlichkeit, die du mir gabst, weil du mich schon vor der Erschaffung der Welt geliebt hast.

Vater, du gerechter Gott, die Welt kennt dich nicht; aber ich kenne dich, und diese hier haben erkannt, dass du mich gesandt hast. Ich habe ihnen deinen Namen offenbart und werde es auch weiterhin tun, damit die Liebe, mit der du mich geliebt hast, auch in ihnen ist, ja damit ich selbst in ihnen bin.

(Neue Genfer Übersetzung)

GEBET

Gott, lehre uns zum Himmel fliegen!

Dass unsere Träume von Frieden und Gerechtigkeit
stärker sind als alle Enttäuschungen
über die ungerechte und närrische Welt.

Dass unser Vertrauen in Dich
stärker ist als alle Gefühle von Ohnmacht
und Hilflosigkeit.

Dass unsere Hoffnung
größer ist als alle Wünsche von Glück und Besitz
und Stärke, die man uns verspricht.

Dass unsere Liebe
reiner und strahlender wird
nach allen Verschmutzungen von Eigennutz,
Eifersucht und Missverständnissen.

Gott, lass uns zum Himmel fliegen,
dass wir sehen lernen, wie Du siehst,
dass wir lieben lernen, wie Du liebst,
dass wir alles Kleinliche ablegen,
damit Du in uns groß wirst!

Amen!

26. Hört mich jemand?

Zum 6. Sonntag nach Ostern (genannt »Exaudi« – »Höre!«)

DER HERR IST MEIN LICHT UND MEIN HEIL;
VOR WEM SOLLTE ICH MICH FÜRCHTEN?
DER HERR IST MEINES LEBENS KRAFT; VOR
WEM SOLLTE MIR GRAUEN? HERR, HÖRE
MEINE STIMME, WENN ICH RUFE; SEI MIR
GNÄDIG UND ANTWORTE MIR!

Wochenpsalm Pslam 27,1 und 7

Diese Psalmworte mag ich besonders gern. Ich empfinde sie wie einen frischen Luftzug in einem lang verschlossenen Zimmer. Oder wie die Ankunft auf einer Bergspitze, nachdem ich lange dachte, ich schaff das nie.

Es ist, als nimmt ein starker Vater das Kind an der Hand und sagt: »Spring nur, du schaffst das!« Und plötzlich bekommt das Kind Mut und fühlt sich stark und groß.

Was kann mir schon passieren? Ich bin doch in Gottes Hand und Er ist das Licht am Horizont und die Kraft in mir drin.

»Ach, wer weiß?«, jammert mein erschrockenes Herz, »Lies doch nur, was alles Schreckliches passiert! Warum sollte es mich nicht treffen?« Und ich antworte ihm: »Ja, stimmt. Eine Garantie habe ich natürlich nicht.« »Siehst du!«, stürzt sich meine Angst gleich drauf. »Und was ist dann, wenn du krank wirst oder böse Leute dich verletzen? Wie war das damals ...?« »Ja, schon«, sage ich ein bisschen kleinlauter, »aber es ist doch letztlich gut gegangen.« »Gut gegangen?«, schreit jetzt der Zweifel. »Was nennst du gut? Hat Gott nun die Sache im Griff oder nicht?« Da werde ich zornig und antworte: »Ich will ja gar nicht, dass Gott alles im Griff hat! Ich bin frei! Ich kann denken und entscheiden! Ich bin keine Marionette! Aber wenn ich Angst und Sorge habe, kann ich mit ihm reden und dann bekomme ich Kraft. Und Er sagt: Fürchte dich nicht! Das reicht mir.«

Werner Krusche, bis 1983 Bischof der
Kirchenprovinz Sachsen, kam einmal zum
Gottesdienst am Sonntag Exaudi zu einem
befreundeten Pfarrer und meinte:
    »Lieber Bruder,
    was machen wir denn da?
    Jesus ist aufgefahren,
    doch der Geist ist noch nicht da.«

Wir leben in einer Zwischenzeit. Nicht nur kirchlich,
zwischen Himmelfahrt und Pfingsten, sondern
auch gesellschaftlich: »Nach Corona wird vieles
nicht mehr so sein wie vorher«, hört man immer
wieder. Nun, wir werden sehen. Wir Menschen
tendieren doch sehr dazu, möglichst am Bekannten
festzuhalten und alle Störungen schnell vergessen
zu machen.
»HÖRE!« heißt der Sonntag.
Was möchten Sie Gott sagen? Was soll er hören?
Und was, meinen Sie, möchte Gott Ihnen in dieser
Zeit sagen – was sollen Sie hören?

GEBETE FÜR ZWISCHENDURCH

Ach, Gott, höre doch!

Gott, hilf mir, ich bin am Ende meiner Kraft!

In Deine Hände befehle ich meinen Geist!

ICH in DIR und DU in MIR.

Jesus, erbarme dich meiner!

In Deine Hände /
sei Anfang und Ende /
sei alles gelegt.

Gott, gib mir Kraft für einen Tag.
Herr, ich bitte nur für diesen,
dass mir werde zugewiesen,
was ich heute brauchen mag.

Von allen Seiten umgibst Du mich
und hältst Deine Hand über mir.

Segne und behüte / mich durch Deine Güte.

Gott, ich danke Dir für … Gott, ich bitte Dich für …
Meine Bitte für den heutigen Tag ist …

27. Nicht zu fassen!

Zum Pfingstfest

CHRISTUS SPRACH ZU SEINEN JÜNGERN:
ICH WILL DEN VATER BITTEN, UND ER WIRD
EUCH EINEN ANDEREN TRÖSTER GEBEN,
DASS ER BEI EUCH SEI IN EWIGKEIT: DEN
GEIST DER WAHRHEIT, DEN DIE WELT NICHT
EMPFANGEN KANN, DENN SIE SIEHT IHN
NICHT UND KENNT IHN NICHT.

Johannes 14,16-17

Es gibt ein abfälliges Sprichwort, das lautet: »Was der Bauer nicht kennt, frisst er nicht.« Es soll Menschen beschreiben, die sich am liebsten nur auf das einlassen, was sie gewohnt sind, wie es »immer schon« war. Wahrscheinlich geht es jedem von uns in vielen Bereichen so, sei es beim Essen oder bei den Sitten oder bei den Gesprächsthemen oder auch bei der Religion.

Vielleicht kommt sogar der stolze Satz hinzu: »Ich glaube nur, was ich sehe!« Als sei das klug. Dabei ist es ziemlich beschränkt: Dann dürfte man ja auch nicht an die Liebe glauben, nicht an die Luft, es gäbe keine Hoffnung und keine Freiheit, denn man kann all das nicht sehen und anfassen.

Pfingsten ist auch so ein unfassbares Fest. Man kann den Geist nicht sehen, der da kommen soll. Man malt ihn als Taube, weil die Taube damals bei Noah den Zweig brachte, der neue Lebensmöglichkeit verspricht. Man malt ihn als Feuer, weil die Menschen »brannten vor Begeisterung«. Man kann Gottes Geist nicht fassen und nicht beschreiben. Denn nichts auf der Welt ist so ähnlich. Und die ganz weltlichen Menschen schütteln nur den Kopf.

Wenn aber jemand plötzlich begreift: »Gott ist ja größer als alles, was ich kenne! Und Er kann mich gebrauchen für Sein Ziel des Friedens und der Liebe!« – dann ist der Geist erlebbar. Dann ist Pfingsten heute, voll Trost und Hoffnung. Diese Erfahrung wünsche ich Ihnen!

Nimm du mich, Heiliger Atem,
zünde dein Feuer an,
zeig den Weg, gib Antwort,
aus der ich leben kann.

Gottesgeist, komm und berühre
mein mir verborgenes Ich,
lehr' es fest zu glauben:
Jesus erwartet mich.

Wecke mich, heiliger Atem,
mach du mich neu bereit,
in den Dienst zu treten
gegen die Traurigkeit.

Gottesgeist, komm und erleuchte
mich mit Entschluss und Rat.
Sag: Der Herr tut heute,
was er vor Zeiten tat.

Fass du mich, Heiliger Atem,
Gottesgeist, treib mich an.
Dank für Christi Auftrag,
Dank, dass ich dienen kann.

Pia Perkiö,
Übers. von Jürgen Henkys

SCHMUNZELGESCHICHTE

Zum amerikanischen Schriftsteller Mark Twain (1835-1910) kam einmal ein 17-Jähriger und erklärte: »Ich verstehe mich mit meinem Vater nicht mehr. Jeden Tag Streit. Er ist so rückständig, erzählt nur von früher, hat keinen Sinn für moderne Ideen. Was soll ich machen? Ich laufe aus dem Haus!« Mark Twain antwortete: »Junger Freund, ich kann Sie gut verstehen. Als ich 17 Jahre alt war, war mein Vater genauso ungebildet. Es war kein Aushalten. Aber haben Sie Geduld mit so alten Leuten. Sie entwickeln sich langsamer. Nach 10 Jahren, als ich 27 war, da hatte er so viel dazugelernt, dass man sich schon ganz vernünftig mit ihm unterhalten konnte. Und was soll ich Ihnen sagen? Heute, wo ich 37 bin – ob Sie es glauben oder nicht – wenn ich keinen Rat weiß, dann frage ich meinen alten Vater. So können die Alten sich ändern.«

Warum bleibt uns das Pfingstfest so merkwürdig fremd? Vielleicht, weil wir schon längst meinen, alles zu wissen und richtig zu machen. Vielleicht brauchen wir die Begegnung mit Menschen anderer Konfessionen, anderer Religionen, anderer Völker, anderer geistlicher Lieder, um zu entdecken, wie vielfältig Gottes Geist ist.

28. Gott dreifach

Zum Trinitatissonntag dem Tag der »Heiligen Dreifaltigkeit«

DER CHRISTLICHE SEGENSGRUSS:
DIE GNADE UNSERES HERRN JESUS
CHRISTUS UND DIE LIEBE GOTTES UND
DIE GEMEINSCHAFT DES HEILIGEN
GEISTES SEI MIT EUCH ALLEN!

2. Korinther 13,13

O jemine, was haben sich die frühen Christen da für einen komplizierten Begriff ausgedacht! Das ist ja ein Gedanken-Irrgarten, bei dem wir uns nur schütteln können: »Heilige Dreifaltigkeit«!

Haben wir nun *einen* Gott oder *drei*? Und was machen die »Falten« da (sonst sind sie in unserem Gesicht)?

Fangen wir gleich mit den »Falten« an. Das kommt natürlich vom Auseinanderfalten. Stellen Sie sich einen zarten orientalischen Fächer vor: Wenn Sie ihn kaufen, ist er ein breiter Stab mit Papier drin. Wenn Sie ihn auseinanderfalten, kommt ein wunderschönes Bild zutage und man kann sich mit ihm frische Luft zufächeln. Ist er nun ein Stab oder ein Bild oder ein Werkzeug? Alles, je nachdem, was man sieht und wie man es nutzt!

So ist es auch mit der »Trinität« Gottes. Alle zusammen und jeder für sich sind Gott, und jeder drückt eine Eigenschaft besonders aus. Wenn wir an Gott denken, dann denken wir an die Schöpfung, die Liebe oder die Ewigkeit. Bei Jesus denken wir an die Barmherzigkeit, an Vorbild und Leiden. Und der Geist weht in unserer Gemeinschaft und bei mutigen Menschen. Wir können zu allen dreien einzeln beten, aber eigentlich sind sie immer alle da.

Der Segensgruß auf der vorigen Seite verbindet das zu einem umfassenden Wunsch. Und genau das wünsche ich Ihnen!

Der Herr, der Schöpfer, bei uns bleib
er segne uns nach Seel und Leib
und uns behüte seine Macht
vor allem Übel Tag und Nacht.

Der Herr, der Heiland, unser Licht,
uns leuchten lass sein Angesicht,
dass wir ihn schaun und glauben frei,
dass er uns ewig gnädig sei.

Der Herr, der Tröster, ob uns schweb,
sein Antlitz über uns erheb,
dass uns sein Bild werd eingedrückt
und geb uns Frieden unverrückt.

Gerhard Teerstegen

GEBET

Gott, ich möchte Dich verstehen,
aber mein Denken kommt schnell an seine Grenzen.

Du bist so groß, dass ich Dich nicht fassen kann:
Der ganze Weltraum fasst Dich nicht.

Dann wieder bist Du so klein, dass ich Dich nicht
sehen kann: Im kleinsten Insekt und im Atom bist
Du enthalten.

Ich möchte Dich sehen in meinem Leben; doch wie
kannst Du in meinem kleinen Leben sein, wenn
Millionen Menschen nach Dir rufen?

Ich möchte Dich als Herrscher sehen im
Weltgeschehen, aber es sind doch oft die größten
Egoisten, die die Weltherrschaft an sich ziehen
wollen.

Wo bist Du in Krankheit und Einsamkeit?
Wo bist Du im Tod?

Lass mich an Dir festhalten, hartnäckig und mit
all den Fragen.

Hilf mir aber auch, mich in Dich zu versenken,
still, horchend, aufmerksam und demütig.

Denn Du bist ja doch schon längst da, bevor ich
auch nur ein Wort zu sagen weiß.

Komm, Gott, Du Lebensspender!
Komm, Jesus, Du großer Leidender!
Komm, Gott, Du Geist des Friedens!

Breite Dich aus in mir!
Ich möchte sein, was Du aus mir machen willst!

Amen

29. Zauberwort: DANKE!

Erntedankfest

DANKET, DANKET DEM HERRN,
DENN ER IST SEHR FREUNDLICH,
SEINE GÜT' UND WAHRHEIT
WÄHRET EWIGLICH.

Kanon nach Psalm 106,1

Danke ist ein Zauberwort! Wussten Sie das? Sie können es ausprobieren. Etwa beim Paketboten. Sagen Sie »Danke, ach wie schön!«, und Sie werden sehen, wie sein Gesicht die Unruhe des Stresses verliert und überrascht und heiter wird. Oder bei der Pflegekraft. »Danke, Sie machen das sehr angenehm!« Und von da an wird sie erst recht freundlich zu Ihnen sein.

Das Zauberwort wirkt auch bei Ihnen selbst. Denn es vertreibt das verkrampfte »Ich will aber!«, oder »Warum geht es anderen besser als mir?« in ein sanftes »Ach ja, ich habe es doch gut!«.

Das Zauberwort ist sogar Dünger für den Glauben. Am Abend gebetet, stärkt es die Nähe zu Gott, das Erinnern und das Vertrauen. Vor allem nach einem miesen Tag ist es eine Medizin: Überlegen Sie sich drei Erlebnisse, die gut waren, und sie können auch diesem Tag Sinn abgewinnen.

Denken Sie jetzt nicht, das ist ja so ein beschwichtigender Lebenshilfe-Trick. Nein, es ist, genau betrachtet, ein angemessenes Grundverhältnis zum Leben und zum Glauben. Wir sind vergängliche Geschöpfe und nichts ist selbstverständlich. Das Leben ist ein Geschenk, die Gesundheit und freundliche Menschen sind es auch. Wir haben sie nicht verdient. Wir haben die Chance und die Aufgabe, daraus lebenswertes Leben für uns und andere zu gestalten. Und ein wesentliches Wort dafür ist Danke.

Wir, die wir im Konzentrationslager
gelebt haben, erinnern uns
an diejenigen, die herumgingen,
um andere zu trösten,
und die ihr letztes Stück Brot hergaben.
Das waren vielleicht nicht so viele,
aber es ist ein Beweis dafür,
dass man einem Menschen
alles wegnehmen kann außer einer Sache:
die Freiheit, die eigene Einstellung
zu jeder gegebenen Situation
selbst zu wählen.

Viktor E. Frankl

Innenhof von Auschwitz

ARM ODER REICH?

Dies ist eine Erzählung über einen sehr reichen Mann, der seinem Sohn zeigen wollte, wie arme Menschen leben.

Der Vater und der Sohn verbrachten dafür einige Tage bei einer sehr armen Familie, die in der Nähe lebte. Als Vater und Sohn nach dem Besuch nach Hause zurückkehrten, fragte der Vater:

»Verstehst du nun, was es bedeutet, arm zu sein?«

»Ja, das weiß ich jetzt«, sagte der Sohn.

»Kannst du mir dann einmal den Unterschied zwischen unserem Leben und dem Leben der Armen beschreiben?«, bat der Vater.

»Wir haben einen Hund, aber sie haben Hunde und Katzen. Wir haben einen kleinen Swimmingpool in unserem Garten, aber sie haben einen ganzen See in der Nähe. Wir haben bunte Lampen an den Fenstern, aber sie sehen den ganzen Sternenhimmel. Wir haben eine Menge Bediensteter, die für uns arbeiten, aber sie helfen anderen. Wir haben einen Zaun um unser Grundstück, aber sie haben Freunde, die sie beschützen.

Und ich habe geglaubt, dass wir reich und sie arm sind.«

Kristina Reftel

30. Ein Buch zum Staunen

Zum Reformationstag

**EINEN ANDEREN GRUND KANN NIEMAND
LEGEN ALS DEN, DER GELEGT IST,
WELCHER IST JESUS CHRISTUS.**

Wochenspruch aus 1. Korinther 3,11

Eine von vielen kleinen Bronze-Protestfiguren in Breslau

Als Martin Luther nach einem aufregenden Leben gestorben war, fand man auf seinem Schreibtisch einen Zettel, auf dem er seine letzten Gedanken notiert hatte. Er, der sich so ausgiebig mit der Bibel befasst hat, betont am Ende, wie unausschöpflich die Weisheit darin sei. Den großen Dichter Vergil, so meint er, könne man nicht verstehen, wenn man nicht 5 Jahre Hirte oder Bauer gewesen sei; den großen Redner und Politiker Cicero könne man nicht verstehen, wenn man nicht 40 Jahre ein Gemeinwesen geführt habe; die biblischen Schriftsteller könne »niemand genug kosten«, wenn man nicht 100 Jahre eine Kirche geleitet habe. Er schließt mit dem Satz: »Wir sind Bettler, das ist wahr.«

Ist es nicht erstaunlich? Als junger Mann hat er 10 Jahre lang zweimal im Jahr die ganze Bibel gelesen – und dann sagt er so etwas!

Die Bibel – ein Buch zum Staunen; ein Buch zum Nachdenken; ein Buch für die großen Fragen des Lebens. Ein Buch voller Geheimnisse, aber auch voller Offenbarungen.

In jedem Alter liest man die Texte anders – und man atmet auf an unterschiedlichen Texten. Für Kinder gibt es spannende Geschichten; für Menschen in Verantwortungspositionen gibt es Regeln; für Menschen im Alter gibt es Trost und Weisheit.

Immer stehen wir vor dem Leben und vor Gott mit leeren Händen. Jeder Tag ist ein Geschenk, jede Schwierigkeit eine Aufgabe. Wir entdecken den nahen, gütigen Gott und wir erschrecken vor dem fernen, strengen Gott. Beides brauchen wir, um Menschen mit Charakter zu werden. Lesen und hören wir von IHM.

Ich wünsche Ihnen viele erstaunliche Entdeckungen!

»Wir sind Bettler, das ist wahr.«

Wir werden mit leeren Händen geboren – und wir können am Ende nichts mitnehmen.

Wir brauchen als Babys und Kinder liebevolle Menschen, die uns ernähren und pflegen.
Das mag auch im Alter so sein.

Wir können vieles aus eigenen Kräften. Aber wenn uns niemand wahrnimmt, lobt und anerkennt, was wird dann aus unserer Energie?

Man kann reich und gebildet sein. Aber Krieg und Gewalt können uns wieder an den Anfang katapultieren.

Manchmal betteln wir viel mehr um Aufmerksamkeit und Menschlichkeit als um Geld.
Wer spricht dem Bettler Würde zu?

Wenn wir uns am Ende unseres Arbeits- und Privatlebens fragen, was wir als Erfolg und Leistung verbuchen können, was finden wir da?

Vor Gott sind wir Bettler, aber mit Würde. Wir haben nicht viel zu bieten, aber enorm viel geschenkt bekommen.

WAS BLEIBT

1989 starb Zita, die letzte Kaiserin Österreichs, im Alter von 97 Jahren. Der prunkvolle Leichenzug mit den sterblichen Überresten der Frau, die sehr einfach und zurückgezogen gelebt hatte, erreichte das Kapuzinerkloster in Wien. Da klopfte der Zeremonienmeister an das Tor zur Kaisergruft der Habsburger.

Der Wächter fragte von innen: »Wer begehrt Einlass?«

Der Zeremonienmeister: »Zita, die Kaiserin von Österreich, gekrönte Königin von Ungarn, Königin von Böhmen, Dalmatien, Kroatien ... von Jerusalem; Erzherzogin von Österreich; Großherzogin der Toskana und von Krakau; Herzogin von Lothringen ...« Es waren letztlich 54 Titel!

Der Wächter: »Kenne ich nicht!«

Der Zeremonienmeister klopfte dreimal ans Tor.

Der Wächter von innen: »Wer begehrt Einlass?«

Der Zeremonienmeister: »Zita, Ihre Majestät, die Kaiserin und Königin!«

Der Wächter: »Wir kennen sie nicht!«

Erneut klopfte der Zeremonienmeister dreimal.

Der Wächter: »Wer begehrt Einlass?«

Der Zeremonienmeister: »Zita, ein sterblicher, sündiger Mensch.«

Der Wächter: »So kommen Sie herein.«

Und die beiden hohen Tore der Flügeltüre öffneten sich gleichzeitig.

Überlieferung

31. Hoffnung über das Ende hinaus

Zum Letzten Sonntag im Kirchenjahr
Ewigkeitssonntag oder Totensonntag

UND DER AUF DEM THRON SASS SPRACH
ZU MIR: »ES IST GESCHEHEN. ICH BIN DAS
A UND DAS O, DER ANFANG UND DAS ENDE.
ICH WILL DEM DURSTIGEN GEBEN VON
DER QUELLE DES LEBENDIGEN WASSERS
UMSONST. WER ÜBERWINDET, DER WIRD
DIES ERERBEN, UND ICH WERDE SEIN GOTT
SEIN UND ER WIRD MEIN KIND SEIN.«

Aus Offenbarung 21,5-7

Am Ende des Kirchenjahres Ende November denken wir an die Menschen, die in diesem Jahr gestorben sind. Vermutlich werden die meisten von uns an eine Todesnachricht denken, die uns besonders betroffen gemacht hat: Menschen, die wir lange kannten oder sogar liebten; Menschen, die jünger waren als wir; Menschen, die zu unserer Lebenszeit gehörten, auch wenn wir sie nur dem Namen nach kannten oder aus dem Fernsehen. Mit ihnen ist ein Teil unseres Lebens zu Ende gegangen.

Wie können wir leben mit dem Ende vor Augen, mit den Abschieden im Herzen?

Das war auch die Frage der jungen Christen. Mit Verwunderung erlebten sie Jesus als Auferstandenen – unbegreiflich, aber wahr. Es gibt eine Zukunft mit und durch ihn. Auch wenn die Gegenwart schwer bleibt oder schwerer wird.

In der Offenbarung erzählt der Seher Johannes, was Christus ihm sagt. »Ich bin das Alpha und das Omega [der erste und letzte Buchstabe des griechischen Alphabets], Anfang und Ende«. Es gibt nicht nur eine Klammer, die all unsere Erfahrungen zusammenhält, sondern auch eine unbekannte Weite vor und nach unserer Zeit, in der Jesus war und sein wird. Das dürfen auch wir erleben. In dieser Gewissheit stillt Gott unseren Drang nach Leben, unseren Durst nach Trost und Hoffnung. Er ist uns Quelle des lebendigen Wassers. Lassen wir uns davon stärken!

DAS KÜKEN

»Was ist Sterben?«, fragte eine krebskranke Frau ihre Ärztin. Sie antwortete mit einem Bild:

»Denken wir an ein Hühnerei, in dem ein kleines Küken fröhlich heranwächst. Es ist darin geborgen und sicher. Das Küken fühlt sich wohl und hat alles, was es zum Leben braucht. Wenn es dann ausgewachsen ist, bekommt es plötzlich Angst. Der Raum wird eng, der Blutdruck steigt, Atemnot setzt ein. Die Raumverdrängung reicht nicht aus, die Eihülle zu sprengen. Das Küken mag angstvoll denken: ›Was wird aus mir? Ich muss sterben!‹ Das Küken hat Augen und kann nicht sehen. Es hat einen Schnabel und kann nicht fressen. Es hat Flügel und kann nicht fliegen. So denkt es verzweifelt, sein Leben sei nun vorüber und alles aus, sinnlos und vorbei. Da wächst ihm auf dem Schnäbelchen eine kleine Säge, die nur dafür bestimmt ist, die Eischale aufzubrechen. Das Küken benutzt die Säge. Die Eihülle zerbricht, das Küken wird frei und beginnt nun eine neue Stufe des Lebens.«

Axel Kühner

UNVERLOREN

Du kannst nicht tiefer fallen
als nur in Gottes Hand,
die er zum Heil uns allen
barmherzig ausgespannt.

Es münden alle Pfade
durch Schicksal, Schuld und Tod
doch ein in Gottes Gnade
trotz aller unsrer Not.

Wir sind von Gott umgeben
auch hier in Raum und Zeit
und werden mit ihm leben
und sein in Ewigkeit.

Arno Pötzsch

Teil II
Andachten im Jahreskreis

32. Reich beschenkt

VON SEINER FÜLLE HABEN WIR ALLE
EMPFANGEN GNADE UM GNADE.

Johannes 1,16

Letzte Woche hörte ich im Radio ein Gespräch mit einer Frau, die seit Jahren jeden Sommer läuft: tausende Kilometer durch alle Kontinente; mit einem 5 kg-Rucksack. »Reich ist, wer wenig hat«, sagt sie. »Ich vermisse nichts. Das Laufen in der Natur ist das totale Glück.« Aber immer nur auf einer Matte auf dem Erdboden schlafen? »Einmal in der Woche ruhe ich aus und gönne mir ein Bett. Das ist Luxus pur!«

Ich könnte das nicht. Aber ich war beeindruckt: Sie erlebt die Natur und das einfache Leben als vollkommen hinreichend zum Glücklichsein.

Was macht uns glücklich?

Wieviel brauchen wir dazu? In der Coronazeit, aber auch in anderen Krisenzeiten entdecken wir, was uns wirklich wichtig ist: Menschlichkeit und Auskommen. Ein Platz zum Schlafen und hinreichend Essen sind wichtig. Am wichtigsten sind Beziehungen: zu Menschen, aber auch zu Gott. So kann man vieles schaffen.

Der Mensch ist ein »Gewohnheitstier«. Wenn er viel hat, wird es selbstverständlich und er will noch mehr. Aber auch an Einschränkungen kann man sich gewöhnen und mit weniger zufrieden sein.

Ob ich zufrieden bin, hängt nur teilweise am Äußeren. An meiner Haltung und meinem inneren Leben hängt mehr. Sehe ich noch, wieviel Gott mir aus seiner Fülle gegeben hat? Höre ich noch ein freundliches Wort wie Balsam für die Seele? Gebe ich anderen, was sie brauchen wie ich selbst?

AUS PSALM 105,1-2.5.7

Dankt dem Herrn und rufet an seinen Namen;
verkündigt sein Tun unter den Völkern!
Singet ihm und spielet ihm,
redet von allen seinen Wundern!
Gedenkt seiner Wunderwerke, die er getan hat,
seiner Zeichen und der Urteile seines Mundes.
Er ist der Herr, unser Gott,
er richtet in aller Welt.

Anregungen zur Erforschung:

Wunder

Ist Ihr erster Gedanke »Wunder gibt's doch gar nicht! Alles kann wissenschaftlich erklärt werden«?

Das sieht nur aus der Entfernung so aus. Bei genauerem Hinsehen und Erleben entdecken wir die Lücken: Die Ärzte haben nach allem Wissen und bei all ihrer Erfahrung keine Chance mehr gesehen – und trotzdem wird ein Mensch gesund. Jemand hat sich aufgegeben – und plötzlich öffnet sich ein Weg.

Forschen Sie doch einfach mal in Ihrem Leben nach Wundern, nach Unerwartetem, nach unverdientem Glück!

Schauen Sie den nächsten Tierfilm im Fernsehen mit der Frage: Welche Schönheit und welche Zusammenhänge hat Gott da gestaltet? (Nicht »die Natur«, das ist nur ein abstrakter Begriff!)

Achten Sie heute auf ein schönes Erlebnis. Was möchte Gott Ihnen wohl damit sagen?

AUF DEN BLICK KOMMT ES AN

Zwei Gießkannen waren auf dem Weg zum Brunnen. »Du siehst so unzufrieden aus«, meinte die eine Gießkanne zur anderen.

»Ach«, meinte die andere, »ich dachte gerade daran, wie sinnlos es ist, dass wir uns immer wieder mit Wasser füllen, wenn es dann doch gleich wieder geleert wird.«

»Na so was!«, entgegnete die erste, »so habe ich das noch nie gesehen. Ich denke jedesmal: Wie schön ist es, dass wir uns immer darauf verlassen können: Auch wenn ich leer bin, kommt doch bald wieder die Zeit, wo ich gefüllt werde!«

Frei nach Willi Hoffsümmer

33. Heil werden

HEILE DU MICH, HERR, SO WERDE
ICH HEIL; HILF DU MIR, SO IST
MIR GEHOLFEN.

Wochenspruch aus Jeremia 17,14

Kintsugi – Reparatur mit Goldlack

»Heil werden« ist das Thema dieses Sonntags. »Ach ja«, werden vielleicht manche denken, »was für ein frommer Wunsch für uns im Alter. Uns macht keiner mehr gesund.« Wehmütig hören wir, wenn wir krank sind, die Heilungsgeschichten der Bibel. »Aber hier läuft kein Jesus durch die Gegend und heilt die Leute. Ja, wenn mir das geschähe, dann würde ich auch glauben!«

Doch die Bibel schaut anders auf das Leben. Denken wir nicht zu kurz: Auch die Geheilten damals sind wieder krank geworden, auch der erweckte Lazarus ist wieder gestorben. Das Leben geht diesen Weg mit allen. Gesundheit ist der Idealzustand. Doch Krankheit und Gebrechlichkeit gehören ebenso dazu.

»Heil werden« ist in der Bibel etwas Größeres als gesund sein. Denn »Heil« betrifft Körper *und* Seele. Gott kann uns heil machen, obwohl wir krank sind! Es ist ein Heil, das uns von innen her zufrieden macht.

In Japan gibt es eine besondere Kunst, zerbrochene Gefäße zu reparieren. Das Ziel ist dabei nicht, Schäden unsichtbar zu machen, sondern die Schönheit im Alter und in der Zerbrechlichkeit zu entdecken. In einem aufwändigen Prozess werden die Gefäße gekittet und die Brüche mit Gold geschmückt und dann poliert. So ist jedes verletzte Gefäß nicht Müll, sondern ein wunderschönes Unikat. Genau das möchte Jesus auch aus uns machen.

Goldspuren in Ihrem Leben

Machen Sie sich auf die Suche nach den Rissen und Verletzungen in Ihrem Leben, und was daraus geworden ist!

- Welcher Satz über Sie hat Sie als Kind verletzt? – Und
  wozu hat dieser Satz Sie herausgefordert? (z.B. »Du
  kannst das nie!« wurde zu »Ich werd es euch beweisen«)
- Welches Ereignis hat Sie einsam gemacht? – Und was
  haben Sie dann getan? (z.B. »Meine Mutter starb früh und
  ich war für die Geschwister verantwortlich. Dadurch bin
  ich sehr selbstständig geworden«)
- Welcher Glaube ist enttäuscht worden? – Und welcher
  ist entstanden? (z.B. »Ich hatte mir Gott immer als alten
  Mann vorgestellt, der aufpasst. Jetzt weiß ich, er ist eine
  Kraft in mir drin«)
- Was verletzt und belastet Sie im Moment? Und wie
  könnte die Goldspur aussehen, die daraus entsteht?

Entdecken Sie die Schönheit im Vergänglichen und in geheilten Verletzungen! Bestaunen Sie die Herbstblätter!
Und finden Sie die Schönheit bei sich selbst!

Leidet jemand unter euch, der bete;
ist jemand guten Mutes, der singe Psalmen.

Jakobus 5,13

HERR, DU HAST MICH ANGERÜHRT

Herr, du hast mich angerührt.
Lange lag ich krank darnieder,
aber meine Seele spürt:
Alte Kräfte kehren wieder.
Neue Tage leuchten mir.
Gott, du lebst! Ich danke dir!

Dank für deinen Trost, o Herr,
Dank selbst für die schlimmen Stunden,
da im aufgewühlten Meer
sinkend schon ich Halt gefunden.
Du hörst auch den stummen Schrei,
gehst im Dunkeln nicht vorbei.

Aus der Finsternis wird Tag.
Tau fällt, um das Land zu schmücken.
Sonne steigt und Lerchenschlag,
meinen Morgen zu beglücken.
Lobgesang durchströmt die Welt.
Du hast mich ins Licht gestellt.

Langer Nächte Unheilsschritt
muss mich nun nicht mehr erschrecken.
Um mich her das Schöpfungslied
soll sein Echo in mir wecken.
Neue Quellen öffnen sich.
Gott, du lebst! Ich lobe dich!

Jürgen Henkys, nach dem norwegischen »Herre, du
hast reist meg opp« von Svein Ellingsen (EG 383)

34. Schatz gefunden!

DAS HIMMELREICH GLEICHT EINEM
SCHATZ, VERBORGEN IM ACKER ...
... ODER EINER KOSTBAREN PERLE

Matthäus 13,44

Stellen Sie sich vor, Sie finden einen Schatz! Etwa als Ihr Gartenstuhl auf etwas Hartem im Boden kratzt oder Sie in einem verlassenen Haus auf versteckten Schmuck stoßen. Hätten Sie sich das früher gewünscht, das oder einen Lottogewinn oder eine unerwartete Erbschaft? Wie sehr hätte das das Leben verändert, erleichtert vielleicht. Was würde das jetzt in Ihrem Leben ändern?

Die beiden Menschen in Jesu Gleichnis haben alles dafür verkauft, um diesen Schatz, diese Perle zu bekommen. Was würden Sie tun?

Jesus sagt, das Himmelreich sei wie ein verborgener Schatz. Er selber hat alles verlassen, um für dieses Himmelreich zu leben. Denn nichts ist schöner und wertvoller als diese Nähe zu Gott und seinem Ziel für die Welt.

Was würden Sie heute sagen, ist das Allerwichtigste im Leben? Woran erinnern Sie sich am dankbarsten? Was hat Sie am meisten glücklich gemacht?

Ich vermute, es hat ganz viel mit Beziehung und Liebe zu tun, mit Bewahrung und mit etwas, was über unser Leben hier hinausgeht. Bei mir ist es so: ein neugeborenes Kind im Arm, ein Mensch, der mich liebt, der Moment gesungenen Gotteslobs ... Der wertvolle Schatz steckt immer noch in Ihrem Leben. Entdecken Sie ihn!

MATTHÄUS 13,44–46

Jesus sprach zu seinen Jüngern:
Das Himmelreich gleicht einem Schatz,
verborgen im Acker,
den ein Mensch fand und verbarg;
und in seiner Freude geht er hin
und verkauft alles, was er hat,
und kauft den Acker.
Wiederum gleicht das Himmelreich
einem Kaufmann, der gute Perlen suchte,
und da er eine kostbare Perle fand,
ging er hin und verkaufte alles, was er hatte,
und kaufte sie.

DER SCHATZ

Gott lief über den Weltenraum.
Alle Sonnensysteme und Sternenhimmel
waren wie ein Acker unter seinen Füßen.
Da fand er einen Schatz
in dem Acker verborgen.
Es war diese Erde
mit einem Menschen darauf.

Und in seiner Freude
verkaufte er alles, was er besaß,
seine Allmacht und sein allsehend Auge,
seinen Himmel und seine Hölle
und kaufte diese Erde.

Huub Oosterhuis

GEBET

Schön bist Du, Gott,
im Laub Deiner Bäume und im Blau des Himmels!

Schön bist Du im seligen Schlaf des Neugeborenen
und im zufriedenen Lächeln des alten Menschen!

Schmerzlich anzusehen bist Du in brennenden
Wäldern und hungernden Kindern, in den angstvollen
Augen der Verfolgten und den in Gefängnissen
Gefolterten.

Du bist nicht in den eiskalten Augen der Gewalttäter
und den gierigen Blicken der Eroberer.
Auch nicht im steinernen Herz der Gleichgültigen.

Gott, lass mich leiden mit Dir, lieben mit Dir und
das ewige Leben finden in Dir.

Amen.

35. Du bist einzigartig

FÜRCHTE DICH NICHT, DENN ICH HABE DICH ERLÖST. ICH HABE DICH BEI DEINEM NAMEN GERUFEN, DU BIST MEIN!

Jesaja 43,1

Jede und jeder von uns bekommt am Anfang des Lebens einen Namen. Mit diesem Namen kann und muss man dann leben, ob man ihn nun mag oder nicht. Man kann auch in seinen Namen »hineinwachsen«. Heute wird man in den ersten Tagen mit dem Namen beim Standesamt angemeldet. Früher gab es den Namen mit der Taufe, die dann auch schon nach wenigen Tagen vollzogen wurde. Der Name wurde, gerade im katholischen Raum, entweder vom Heiligen des Geburtstages oder von Vorfahren übernommen. Jetzt wird er vor allem nach dem persönlichen Geschmack der Eltern gewählt. Der Name wird im Laufe des Lebens zu einem Teil meiner Person. Das Kind selbst nennt sich zuerst mit dem Namen, bevor es Ich sagt.

In der Taufe wird unser Name mit dem Namen Jesu verbunden. Wir gehören zu ihm, er sagt uns seine Treue zu, aber auch seinen Anspruch. Im Leben kann uns sein Ruf begegnen (»Adam, wo bist du?«). Sein Segen gibt uns Kraft, sein Auftrag kann unser Leben umkrempeln.

Der Name macht uns zur Person. Es ist entwürdigend, wenn man nur noch mit einer Nummer oder einer Krankheit genannt wird. Oder wenn man mit einem Spitznamen gehänselt wird, wie Kinder das gerne tun.

Gott aber kennt uns mit Namen und sagt uns zu: »Ich kenne dich, ich bleibe bei dir, ich mache dich frei! Du bist ein besonderer Mensch, dessen Herz ich suche.«

AUS PSALM 139

HERR, du erforschest mich und kennest mich.
Ich sitze oder stehe auf, so weißt du es;
du verstehst meine Gedanken von ferne.
Ich gehe oder liege, so bist du um mich
und siehst alle meine Wege.
Denn siehe, es ist kein Wort auf meiner Zunge,
das du, HERR, nicht schon wüsstest.
Von allen Seiten umgibst du mich
und hältst deine Hand über mir.
Diese Erkenntnis ist mir zu wunderbar
und zu hoch,
ich kann sie nicht begreifen.
Denn du hast meine Nieren bereitet
und hast mich gebildet im Mutterleibe.
Ich danke dir dafür,
dass ich wunderbar gemacht bin;
wunderbar sind deine Werke;
das erkennt meine Seele.
Deine Augen sahen mich,
als ich noch nicht bereitet war,
und alle Tage waren in dein Buch geschrieben,
die noch werden sollten
und von denen keiner da war.
Aber wie schwer sind für mich, Gott, deine
Gedanken! Wie ist ihre Summe so groß!
Wollte ich sie zählen, so wären sie
mehr als der Sand:
Wenn ich aufwache, bin ich noch immer bei dir.

In der Fußgängerzone von Paris hat die französische Bibelgesellschaft einen Stand aufgebaut. Den Vorübergehenden werden Bibeln angeboten. Da kommt eine Gruppe junger Leute heran, die den Mitarbeiter hinter dem Bibelstand verspotten: »Bau deinen Laden ab! Das alte Buch ist längst überholt. Das liest doch niemand mehr!« Der Bibelmissionar nimmt sich den Anführer der Gruppe vor und sagt ganz freundlich zu ihm: »Das will ich dir sagen, in diesem Buch redet Gott persönlich mit dir!« »Was, mit mir? Das ist ja zum Lachen. Gib her dein Buch, das will ich sehen!« Der junge Spötter, mit Namen Philippe, greift sich eine Bibel. Schlägt sie wahllos auf, liest einen Satz, wird kreidebleich und legt sie schweigend zurück. »Was ist, Philippe?«, rufen die Kameraden. Er hat aus Johannes 14 den 9. Vers gelesen: »Jesus spricht: So lange bin ich bei euch gewesen, und du kennst mich nicht, Philippe?«

Axel Kühner

36. Das wirklich sättigende Brot

JESUS SPRACH:
ICH BIN DAS BROT DES LEBENS.
WER ZU MIR KOMMT, DEN WIRD
NICHT HUNGERN; WER AN MICH
GLAUBT, DEN WIRD NIMMERMEHR
DÜRSTEN.

Johannes 6,35

Gegen Mittag kommt der Hunger. »Wann gibt es Essen?«, fragen die Kinder und schleichen um den Kühlschrank. So fragen manche Bewohner in Altenheimen, für die das ein Höhepunkt des Tages ist. »Was gibt es denn?«, ist die nächste Frage. Auch wenn der Hunger nicht so groß ist, ist doch das Essen ein besonderer Genuss. Denn es ist mehr als Sattwerden. Es ist auch Riechen und Sehen – Genießen – Erinnern – Sich-beschenken-lassen. Es ist eine Wohltat für Leib und Seele.

Jesus bezeichnet sich selbst als Brot des Lebens. Wer an ihn glaubt, der kann sich nähren von seinen Worten. Sie sind Trost und Ansporn. Sie tun wohl und sie rütteln auf.

Doch ist es so, dass man dann nicht mehr hungern wird? Mir scheint eher: Wenn man erst mal Geschmack gefunden hat, kann man sich nicht »satt hören« an diesen Worten. Sie sind wie Artischocken: Je mehr Blätter man pflückt und genießt, desto feiner und edler wird es nach innen.

Denn – ja, tatsächlich! –, es sind Worte des Lebens. Sie geben Kraft und sie geben Hoffnung. Es gibt Tage, da geht eins nach dem andern schief. Es gibt Situationen, da sieht man keinen Ausweg mehr. Doch Jesus hat stets über die Mühsal des Tages hinausgesehen. Das himmlische Reich war nicht nur Zukunft, sondern immer auch schon Gegenwart. Das Vertrauen auf Gott nährt uns heute, täglich. Der Hunger nach Leben wird täglich gestillt. Bis zum letzten Moment.

PSALM 107,1-9

Danklied der Erlösten
Danket dem HERRN; denn er ist freundlich,
und seine Güte währet ewiglich.
So sollen sagen, die erlöst sind durch den HERRN,
die er aus der Not erlöst hat,
die er aus den Ländern zusammengebracht hat
von Osten und Westen, von Norden und Süden.
Die irregingen in der Wüste, auf ungebahntem Wege,
und fanden keine Stadt, in der sie wohnen konnten,
die hungrig und durstig waren
und deren Seele verschmachtete,
die dann zum Herrn riefen in ihrer Not
und er errettete sie aus ihren Ängsten
und führte sie den richtigen Weg,
dass sie kamen zur Stadt, in der sie wohnen konnten:
Die sollen dem Herrn danken für seine Güte
und für seine Wunder,
die er an den Menschenkindern tut,
dass er sättigt die durstige Seele
und die Hungrigen füllt mit Gutem.

In einem Land herrschte Christenverfolgung. Es war verboten und lebensgefährlich, eine Bibel zu besitzen. Die Familie eines frommen Küsters konnte sich nicht von dem Buch trennen. Es war für sie wie das tägliche Brot. Eines Tages sah die Frau zwei fremde Männer kommen und wusste sofort, dass das Hausdurchsuchung bedeutete. Sie war gerade am Brotbacken. Schnell wickelte sie die Bibel in den Teig und steckte ihn in den Ofen. Die Polizei durchsuchte das ganze Haus, aber sie fand nichts.

Als sie das Brot aus dem Ofen holte, war das Buch unversehrt. Diese Erfahrung wurde für sie zum Sinnbild: Die Bibel ist Brot zum Leben. Wie das tägliche Brot den Menschen nährt, so ist auch Gottes Wort, täglich gelesen, Kraft für ein Leben mit Gott. Heute hat diese Bibel einen Ehrenplatz im Haus des Küsters, und jedem Besucher wird die Geschichte vom rettenden Brotbacken erzählt.

Aus: Katholische Korrespondenz

37. Einladung an alle Bedrückten

AUF, IHR DURSTIGEN, HIER GIBT ES
WASSER! AUCH WER KEIN GELD HAT,
KANN KOMMEN. KOMMT UND KAUFT
OHNE GELD! WEIN UND MILCH –
SIE KOSTEN NICHTS!

Jesaja 55,1

Wird das Geld noch bis zum Monatsende reichen? Immer mehr Menschen fragen sich das in der Monatsmitte: Alleinerziehende, Rentnerinnen, Arbeitslose, Teilzeitkräfte. Es ist eine beunruhigende und bedrückende Frage. Wie kann ich das Vorhandene strecken, worauf muss ich außerdem verzichten, wie kann ich für Notfälle etwas zurücklegen? Es sind harte Lebensbedingungen. Auch Gesellschaft und Politik müssten das viel ernster nehmen.

Und dann lesen wir diesen erfrischenden Satz des Propheten Jesaja: Kommt, hier gibt es kostenlos Wasser, Milch und Wein!

Jesus knüpft daran an und ruft: »Kommt her zu mir alle, die ihr mühselig und beladen sein, ich will euch erquicken!« (Matthäus 11,28).

Ja, es ist eine Einladung zu einer geteilten Mahlzeit, zu Brot und Wein, Milch und Fisch. Aber es ist noch mehr. Es ist die Einladung, dem Bund mit Gott beizutreten, durch den der Prophet die große Geschichte sieht und durch den Jesus die Kraft zum Heilen und zum Ertragen menschlicher Schwächen und Gemeinheiten bekommt.

Mit Gott in Einklang zu treten heißt: Kraft zum Leben gewinnen.

Es ist erwiesen, dass Menschen, die im Glauben verwurzelt sind, auch Notsituationen besser ertragen. Sie haben eine Kraftquelle, die kein Geld kostet, sondern aus Glaube und Hoffnung lebt.

BEGEGNUNGEN

Ich traf einen jungen Mann,
kerngesund, modisch gekleidet, Sportwagen,
und fragte beiläufig, wie er sich fühle:
Was 'ne Frage, sagte er, beschissen!

Ich fragte, ein wenig verlegen,
eine schwerbehinderte Frau
in ihrem Rollstuhl, wie es ihr gehe:
Gut, sagte sie, es geht mir gut.

Da sieht man wieder, dachte ich
bei mir, immer hat man
mit den falschen Leuten Mitleid.

Lothar Zenetti

GASTFREUNDSCHAFT

Rabbi Schmuel von Brysow war ein freundlicher und gelehrter Mann. Eines Tages kam eine Gruppe Kaufleute kurz vor Beginn des Sabbat in Brysow an und bat darum, bei ihm übernachten und den Sabbat feiern zu können.

Rabbi Schmuel nahm sie auf, aber verlangte einen hohen Preis dafür. Die Kaufleute waren befremdet, aber stimmten zu. Dann aber griffen sie ordentlich zu, verlangten noch besseren Wein und hatten noch manche Extrawünsche.

Am nächsten Tag gingen sie in Rabbi Schmuels Studierstube, um sich zu verabschieden und zu bezahlen. Doch der Rabbi lachte und sagte: »Ich werde euch doch kein Geld abnehmen! Ihr wart doch meine Gäste!« Irritiert fragten die Kaufleute: »Aber warum hast du uns dann so einen teuren Preis genannt?« Da antwortete Rabbi Schmuel: »Ich fürchtete, es könnte euch peinlich sein, wenn ich euch so gut bewirte. Ihr hättet nicht so eifrig zugegriffen. Und – hatte ich nicht Recht?«

Eine chassidische Geschichte, nach Axel Kühner

38. Das Böse bekämpfen – aber wie?

JESUS SPRACH: WAS SIEHST DU DEN
SPLITTER IN DEINES BRUDERS AUGE,
ABER DEN BALKEN IM EIGENEN AUGE
NIMMST DU NICHT WAHR?

Lukas 6,41

Lass dich nicht vom Bösen überwinden, sondern überwinde das Böse mit Gutem.

Es ist nicht leicht, auf engem Raum täglich mit Menschen zusammenzuleben, die man sich nicht ausgesucht hat. Auch mit Familienangehörigen ist es nicht unbedingt per se besser.

Es treffen stets Menschen aufeinander, die unterschiedlich sind, mit ihren Stärken und mit ihren Schwächen: Der eine ist zupackend und hilfsbereit, aber er kann nicht gut zuhören. Die andere ist freundlich und sanft, aber praktisch unbegabt. Die eine ist unterhaltsam, der andere kriegt den Mund nicht auf. Auch die Menschen, die wir uns als Freunde oder Partner ausgesucht haben, weil wir sie toll finden, haben manchmal Seiten, für die wir sie auf den Mond schießen könnten.

Aber sind wir selber nicht auch so? Denken andere das nicht vermutlich auch von uns?

Jesus mahnt in der Bergpredigt: Verurteile den anderen nicht zu schnell. Bist du nicht selber ähnlich oder sogar noch schlimmer?

Die Welt wird nicht besser, wenn wir den anderen sagen, wie sie sich ändern sollen, sondern vielleicht dann, wenn wir selber an uns arbeiten, bessere Menschen zu werden. Das Böse wird nicht dadurch besiegt, dass wir es mit Bösem bekämpfen, sondern vielleicht dann, dass wir ihm Gutes entgegensetzen. Gewalttätige Menschen haben vermutlich zu wenig Liebe erlebt, gehässige zu wenig Anerkennung, ungläubige zu wenig echten Glauben. An mir ist es, das Gute in die Welt zu setzen. Heute noch.

Sie kennen vielleicht die Geschichte von Josef und seinen Brüdern: Aus Neid verkauften sie ihn als Jugendlichen nach Ägypten auf den Sklavenmarkt. Er machte erstaunliche Karriere beim Pharao bis zum ranghöchsten Verwalter. Da treffen die Brüder ihn wieder, als sie während einer Hungersnot dort Getreide kaufen wollen. Sie fürchten sich vor seiner Rache. Doch dann geschieht das Erstaunliche:

Josef aber sprach zu ihnen: Fürchtet euch nicht!
Stehe ich denn an Gottes statt?
Ihr gedachtet, es böse mit mir zu machen,
aber Gott gedachte, es gut zu machen,
um zu tun, was jetzt am Tage ist,
nämlich am Leben zu erhalten ein großes Volk.
So fürchtet euch nun nicht;
ich will euch und eure Kinder versorgen.
Und er tröstete sie
und redete freundlich mit ihnen.

1. Mose 50,19-21

PSALM 130,1-6

Aus der Tiefe schreie ich zu dir, HERR!
HERR, höre meine Stimme,
schenk meinem lauten Flehen ein offenes Ohr!
Wenn du, HERR, die Sünden anrechnen willst –
Wer kann dann noch vor dir bestehen, o Herr?
Doch bei dir gibt es Vergebung,
damit die Menschen dir in Ehrfurcht begegnen.

Ich hoffe auf den HERRN,
ja, aus tiefster Seele hoffe ich auf ihn.
Ich warte auf sein rettendes Wort.
Von ganzem Herzen sehne ich mich nach dem Herrn –

Mehr als die Wächter sich nach dem Morgen sehnen,
ja, mehr als die Wächter nach dem Morgen!

(Neue Genfer Übersetzung)

FRAGE:

Wann hat Gott in Ihrem Leben etwas gut gemacht, was zuerst ganz aussichtslos schien?

39. Älter werden

DENK AN DEINEN SCHÖPFER IN DEINER JUGEND, /
EHE DIE BÖSEN TAGE KOMMEN / UND DIE JAHRE
NAHEN, DA DU WIRST SAGEN: / »SIE GEFALLEN MIR
NICHT«; / EHE DIE SONNE UND DAS LICHT, / DER
MOND UND DIE STERNE FINSTER WERDEN [...] / ZUR
ZEIT, WENN DIE HÜTER DES HAUSES ZITTERN /
UND DIE STARKEN SICH KRÜMMEN / UND MÜSSIG
STEHEN DIE MÜLLERINNEN, / WEIL ES SO WENIGE
GEWORDEN SIND, / WENN FINSTER WERDEN, DIE
DURCH DIE FENSTER SEHEN / UND DIE TÜREN AN
DER GASSE SICH SCHLIESSEN, / WENN MAN VOR
HÖHEN SICH FÜRCHTET / UND SICH ÄNGSTIGT
AUF DEM WEGE [...] / EHE DER SILBERNE STRICK
ZERREISST / UND DIE GOLDENE SCHALE ZERBRICHT

Martina van Reymerswaele, Zwei alte Männer, ca. 1550

[...] / DENN DER STAUB MUSS WIEDER ZUR ERDE KOMMEN, / WIE ER GEWESEN IST, / UND DER GEIST WIEDER ZU GOTT, DER IHN GEGEBEN HAT.

Prediger 12,1-7

Das Buch Prediger in der Bibel zeichnet sich nicht gerade durch Optimismus aus. Er gibt eher eine melancholische Beschreibung des Lebens mit dem wiederholten Fazit in Predier 1,14: »Es ist alles eitel und ein Haschen nach Wind«, also zwecklos.

Hier beschreibt er das Altwerden. Das merkt man nicht gleich. Es ist wie ein Bilderrätsel. Setzen Sie mal für die Bilder ein: Sonne = Augen; Hüter des Hauses = Hände; Starke = Beine; Müllerinnen = Zähne; Türen an der Gasse = Ohren. Auch den Lebensfaden finden Sie.

Warum beginnt er dann aber mit der Jugend?

Sie mit Ihrer Lebenserfahrung können das sicher bestätigen: Wenn man sich von Jugend an nicht für Gott interessierte, kann man das später kaum nachholen, so wenig wie Fremdsprachen.

Die Beziehung zu Gott entwickelt man am leichtesten in der Kindheit. Dann muss man sie im Lauf des Lebens immer neu anpassen an die Erfahrungen. Vertrauen kann man nur langsam aufbauen. Rituale muss man einüben und sich angewöhnen. Wer von Kindheit an in den Glauben hineinwuchs, der hat im Alter den größten Schatz zur Verfügung: eine Fülle an Liedern, eine Sprache zum Beten, eine Palette an Bibelsprüchen. Sie liegen bereit, um dann aufzutauchen, wenn wir sie in der Not brauchen. Oder um andere zu trösten und zu stärken. Dann mag der Körper Staub werden, aber der Geist fliegt wieder zu Gott. Eine himmlische letzte Reise.

»Hohes Alter ist eine zweite Kindheit –
ohne Lebertran.«

Mark Twain, amerik. Schriftsteller, † 1910

»Alles,
was Spaß macht,
hält jung.«

Curd Jürgens, Filmschauspieler, † 1982

»Von einem bestimmten Alter an ist jeder Mensch
für sein Gesicht verantwortlich.«

Albert Camus zugeschrieben, frz. Schriftsteller, † 1960

»Im Alter wird man
immer knackiger –
mal knackt's hier, mal da.«

Erfahrungssatz

»Die Jugend wäre
eine schönere Zeit, wenn sie erst später
im Leben käme.«

Charly Chaplin, brit. Schauspieler und Komponist, † 1977

»Am Ende sind es nicht die Jahre im Leben, die
zählen, sondern das Leben in den Jahren.«

Abraham Lincoln zugeschrieben, amerik. Präsident, † 1865

»Alt werden ist natürlich kein reines Vergnügen.
Aber denken wir an die einzige Alternative.«

Robert Lemke, Journalist (Was bin ich?), † 1989

»Ich bin stolz auf die Falten.
Sie sind das Leben in meinem Gesicht.«

Brigitte Bardot, frz. Schauspielerin, * 1934

»Es ist nicht schwer, Menschen zu finden, die
mit 60 Jahren zehnmal so reich sind, als sie es
mit 20 waren. Aber nicht einer von ihnen behauptet,
er sei zehnmal so glücklich.«

George Bernhard Shaw, irischer Dramatiker, † 1950

Altwerden kann die zugrunde liegende Schönheit noch einmal anders sichtbar machen. Man muss nur ein Auge dafür
haben.

Klosterruine Eldena bei Greifswald

40. Gib die Hoffnung nicht auf!

DAS GEKNICKTE ROHR WIRD ER NICHT ZERBRECHEN, UND DEN GLIMMENDEN DOCHT WIRD ER NICHT AUSLÖSCHEN.

Jesaja 42,3

Das Tor von Auschwitz

Man darf die Hoffnung nicht aufgeben. Sonst verliert man die Kraft zum Leben. »Die Hoffnung stirbt zuletzt«, sagte auch Anne Franks Großmutter Alice, als sie nach dem Ende der Naziherrschaft in der Schweiz auf Nachricht wartete, was aus den Kindern geworden ist. Erst da erfuhr sie, dass die Familie nicht in einem sicheren Versteck bleiben konnte, sondern an die Gestapo verraten wurde. Der Vater hatte das KZ überlebt. Nach einigen Wochen erfuhren sie, dass die Mutter dort verhungert war. Nach Monaten schrieb ein befreundetes Mädchen, das befreit worden war, dass sie die beiden Schwestern Anne und Margot tot hinter der Baracke entdeckt hatte und notdürftig begrub. Da starb auch die Hoffnung der Familie Frank.

Ist Hoffnung also naiv, unrealistisch? Und ist nicht der Absturz in die Trauer noch schlimmer, wenn man vorher gehofft hat?

Die Worte der Propheten und auch Jesu sind Ausdruck großer Hoffnung. Gott wird sich als Retter erweisen, auch Tyrannen und ihre Systeme haben ihr Ende. Die Traurigen werden jubeln, die Armen werden aufatmen, die Lästerer werden zerknirscht die Wahrheit erkennen. Doch es kann dauern, sehr lange dauern. Vielleicht werden wir es nicht erleben.

»Du bist der Messias!«, sagt Petrus zu Jesus, und meint, jetzt komme das Himmelreich. Es beginnt auch, ja. Aber Jesus wird erst leiden und getötet werden. Nur so gibt es Auferstehung. Petrus möchte es gern ohne Leiden und Warten. Doch Gottes Auftrag bedeutet oft: »Leide mit mir, stirb mit mir! Hoffe trotz allem! Ich gebe dir die Kraft!

Am Ende wird das Dunkel Licht – und ich Alles in Allem.«

BIBLISCHE LESUNG

Jesaja 29,17-21 und 23

Nicht wahr? Es dauert nicht mehr lange, dann wird das Libanongebirge zu fruchtbarem Land.

Das ist so dicht bewachsen wie ein Wald.

Dann können diejenigen, die taub waren, wieder hören und die Worte des Buches verstehen. Die Blinden können wieder sehen und werden aus Dunkelheit und Finsternis befreit.

Die Erniedrigten haben ihre Freude am HERRN, die Armen jubeln über den Heiligen Israels.

Denn es ist aus mit den Gewalttätern, die Schwätzer sind am Ende. Vernichtet sind alle, die Böses im Sinn hatten.

Niemand verleumdet mehr andere vor Gericht oder stellt dem eine Falle, der im Tor Urteile fällt. Keiner bringt den Unschuldigen grundlos um sein Recht. Wenn sie die Kinder sehen, die ich ihnen schenke, werden sie meinen Namen heilig halten. Sie werden den Heiligen Jakobs heilig halten und den Gott Israels verehren.

(BasisBibel)

DER LÖWENZAHN

Ein Mann legte sich einen Garten an. Er harkte den Boden und streute den Samen unzähliger Blumen aus.

Als die Saat aufging, wuchs dazwischen auch der Löwenzahn. Da versuchte der Mann mit mancherlei Methoden, den Löwenzahn zu beseitigen. Doch nichts half. Da ging er in die ferne Hauptstadt, um dort Gärtner des Königspalastes zu befragen.

Der weise, alte Gärtner, der schon einige Parks angelegt hatte, hatte mancherlei Tipps, wie man den Löwenzahn loswerden könne. Aber das hatte der Fragende alles schon selbst vergeblich versucht.

So saßen die beiden eine Weile schweigend nebeneinander, bis schließlich der Gärtner den ratlosen Mann schmunzelnd anschaute und sagte: »Wenn denn alles, was ich dir vorgeschlagen habe, nichts geholfen hat, dann gibt es nur noch einen Ausweg: Lerne, den Löwenzahn zu lieben.«

Märchen aus dem Orient

Text- und Fotonachweis

Textnachweis

S. 24 Die Kerze brennt, ein kleines Licht, Text: Bernd Schlaudt © Rechte beim Urheber

S. 40 flucht nach ägypten – Kurt Marti: geduld und revolte. die gedichte am rand © 2011 by Radius-Verlag, Stuttgart

S. 68 »Korn das in die Erde«, Text: Jürgen Henkys, nach dem englischen »Now the green blade rises« von John Macleod Campbell Crum © Strube-Verlag, München

S. 72 »Holz auf Jesu Schulter«, Text: Jürgen Henkys, nach dem niederländischen »Met de boom des levens« von Willem Barnard © Strube-Verlag, München

S. 77 »Im Dunkel unserer Ängste«, Originaltext: Michel Scouarnec, Übertragung: Diethard Zils © Deutscher Text: tvd-Verlag Düsseldorf

S. 84 »Wir stehen im Morgen«, Text: Jörg Zink, © www.hufeisen.com, *dolce musica edizione*, Zürich

S. 100 »Bewahre uns, Gott«, Text: Eugen Eckert © Stube Verlag, München

S. 104 »Schweige und höre«, Text: Pater Michael Hermes © Benediktiner Abtei Königsmünster, Meschede

S. 116 »Nimm du mich, Heiliger Atem« – Pia Perkiö, aus dem Svenska Psalmboken 1978, Übers. von Jürgen Henkys (1991) © Strube Verlag, München

S. 117 Aus: Typisch! Kleine Geschichten für andere Zeiten, 2005. Hamburg: Andere Zeiten e.V., www.anderezeiten.de

S. 124 Aus: Viktor E. Frankl, ... trotzdem Ja zum Leben sagen © 1977, Kösel-Verlag, München, in der Penguin Random House Verlagsgruppe GmbH

S. 125 »Arm oder reich?«, aus: Kristina Reftel (Hrsg.), Ich habe nach dir gewonnen! Übersetzung: Gabriele Schneider © 2007, Gütersloher Verlagshaus, Gütersloh, in der Penguin Random House Verlagsgruppe GmbH

S. 132 »Das Küken«, aus: Axel Kühner, Was ist Sterben?, in: ders., Überlebensgeschichten für jeden Tag. © 1991 Neukirchener Verlagsgesellschaft mbH, Neukirchen-Vluyn, 23. Auflage 2021, S. 363

S. 133 »Unverloren«, aus: Arno Pötzsch, Singende Kirche Heft 1, Den Haag 1941, S. 10, (EG 533)

S. 143 »Herr, du hast mich angerührt«, Text: Jürgen Henkys, nach dem norwegischen »Herre, du hast reist meg opp« von Svein Ellingsen, © Strube-Verlag, München

S. 146 »Der Schatz«, in: Huub Oosterhuis, Ich steh vor dir, © 2004 Verlag Herder GmbH, Freiburg i.Br.

S. 151 Axel Kühner, Ein sehr persönliches Buch, in: ders., Überlebensgeschichten für jeden Tag. © 1991 Neukirchener Verlagsgesellschaft mbH, Neukirchen-Vluyn, 23. Auflage 2021, S. 62

S. 155 Bibel im Brot, aus: Katholische Korrespondenz Nr. 31 vom 1.8.1989 © KNA alle Rechte vorbehalten

S. 158 »Begegnungen«, aus: Lothar Zenetti: Die wunderbare Zeitvermehrung, © by Paulinus Verlag GmbH, Trier 2019, 6. überarbeitete Auflage

S. 159 Nach: Axel Kühner, Gastfreundschaft, in: ders., Hoffen wir das Beste. © 1997 Neukirchener Verlagsgesellschaft mbH, Neukirchen-Vluyn, 9. Auflage 2016, S. 156

Fotonachweis

Rätsellösung von Andacht 7

2 es weihnachtet sehr **3** Tannenspitzen **4** Lichtlein **5** Himmels **6** Christkind **7** finstern **8** heller Stimme **9** Gesell **10** spute dich schnell **11** zu brennen an **12** ist aufgetan **14** einmal ruhn **15** flieg ich **16** wieder Weihnacht werden

Sollte diese Publikation Links auf Webseiten Dritter enthalten, so übernehmen wir für deren Inhalte keine Haftung, da wir uns diese nicht zu eigen machen, sondern lediglich auf deren Stand zum Zeitpunkt der Erstveröffentlichung verweisen.

Penguin Random House Verlagsgruppe FSC® N001967

1. Auflage
Copyright © 2022 Gütersloher Verlagshaus, Gütersloh,
in der Penguin Random House Verlagsgruppe GmbH,
Neumarkter Str. 28, 81673 München

Umschlagmotiv: © ittipon2002 – iStockphoto.com
Notensatz: Susanne Höppner, Neukloster
Druck und Bindung: PB Tisk, a.s., Pribram
Printed in Czech Republic
ISBN 978-3-579-07447-4
www.gtvh.de